開所二〇年を迎えて

「石造文化財調査研究所」が発足して二〇年の歳月を閲した。

二〇〇一年に発足した「佛教石造文化財研究所」が前身で、二〇一一年に「佛教」を外し、「調査」を加えて「石造文化財調査研究所」として新しい歩みを積み重ねてきた。

創設の当初、立正大学（文学部・仏教学部）で佛教の考古学的研究を意図し、それぞれが研鑽を重ねていた有志が集まって切磋琢磨する場が形成された。

仏教考古学の創始者である石田茂作先生によって蒔かれた種子は、その後、高弟・久保常晴先生などによって継承され、『石造文化財への招待』（二〇一一）『仏教考古学事典』（二〇〇三）ほかの編集、刊行が行われてきた。

そして一つの組織が誕生した。それが「佛教石造文化財研究所」であり、その発展的改称が「石造文化財調査研究所」であった。研究所は、機関誌『石造文化財』を刊行し、今や一二号を重ね、関係の研究者間に拡く知られるようになってきたのは、同慶、欣快であった。

その頃、日蓮宗大本山の池上・本門寺より境内の大名墓関係ほかの墓所の移転に伴う調査の依頼が寄せられ、さらに、同じく不變山永壽院、次いで天下長久山國土安穏寺などよりも考古学的方法による改葬調査の要請があったのである。

よって、右の要請に対応して墓所の改葬、移転を担当し実施してきた。その基本的な方法は、上部構造（墓標・基壇）と下部構造（主体部など）の実状の記録、解体調査の記録、移築の実相を逐一的に記録化することと同時に築造背景（古記録・文献ほか）を明確に位置付けることであった。

『近世大名家墓所の調査』（二〇〇二）『奥絵師狩野家墓所の調査』（二〇〇三）『貞龍院殿妙經日敬大姉墓所の調査』（二〇〇八）『芳心院殿妙英日春大姉墓所の調査』（二〇〇九）はその実践の報告書であり、考古

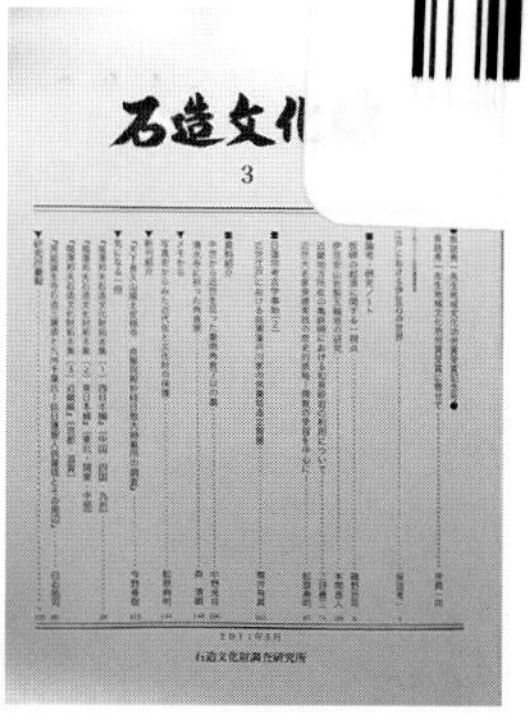

『石造文化財』3 表紙（石造文化財調査研究所）

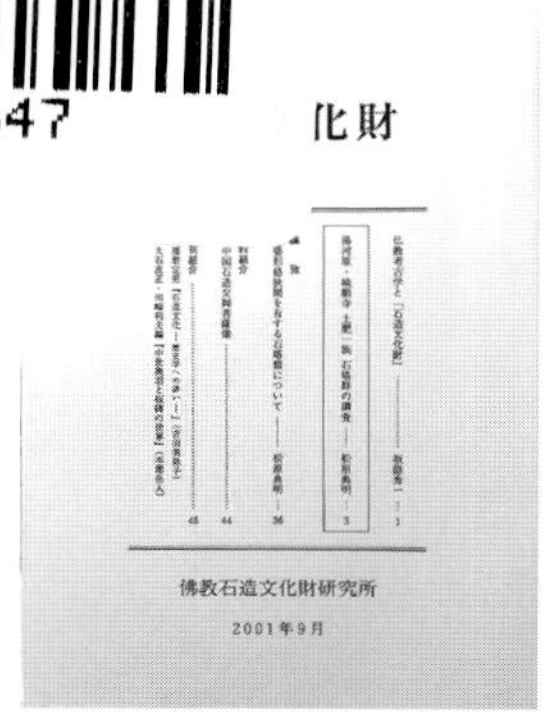

『石造文化財』1 表紙（佛教石造文化財研究所）

学の方法による墓所調査の具現として江湖の好評を博することが出来たのである。

　他方、公益財団法人　高梨学術奨励基金の特定助成（「近世大名葬制の基礎的研究」二〇一六～二〇一八）による研究、そして成果の出版助成（二〇一八）を得ての報告『近世大名葬制の基礎的研究』（B5判・三九八頁、二〇一八・三　雄山閣刊）として刊行してきた。さらに「東アジア文化圏における思想と祭祀」を副題に『近世大名墓の考古学』（B5判・三二五頁、勉誠出版刊）として、本研究所の成果を公にしてきた。

　この度、開所二〇年を迎えるに当たり、顧問の森清範猊下（清水寺貫主）の垂範ご指導をはじめ各位各聖に対し、改めて深謝の意を志し、今後とも変することなきご指導をお願い申し上げる次第である。

令和三年七月吉日

石造文化財調査研究所
代表　松原典明　識

『近世大名葬制の基礎的研究』（雄山閣　右）
『近世大名墓の考古学』（勉誠出版　左）

坂詰秀一監修・石造文化財調査研究所編
『石造文化財への招待』
（考古学ハンドブック・ニューサイエンス社）

近世石造物の制作工房址考

金子浩之

（一）はじめに

筆者は「近世大名墓の制作」と題する小論で、徳川将軍家の墓石と墓前の石燈籠が、伊豆や相模西部の安山岩地帯の丁場で制作され、船運で江戸へ運び込まれていたことを明らかにした。その根拠は、地方文書の記載内容と石造物の銘文や伝承などであった。将軍たちの墓塔の制作地であるとする伝承は今も現地に残り、また、その制作地の丁場《ちょうば》（作業現場）の現存例もある。[1]

ところで、将軍墓や大名墓の制作地は文献や伝承等にも残りやすいが、民衆の墓石の制作址はどこにあったのだろうか？　従来、この疑問には墓石の石材構成の差異などから「伊豆石を用いている」との総論的な回答は示されてきたが、制作地を具体的に特定した議論には至らないままであった。

江戸・東京の都市空間には膨大な数の庶民墓や石仏などが運び込まれている。周囲の中小都市の墓石なども合算すれば、伊豆から江戸へ運ばれた石造物の総数は数十万基にものぼるであろう。その中・近世の石造物の制作地が伊豆だけであるとは限らないが、少なくとも伊豆石製の石造物は南関東域と東海道沿岸域で圧倒的多数を占めているのは明らかである。

膨大な数にのぼる中・近世石造物のなかにも、伊豆石製のものが多数含まれているとする結論を示した研究例は、これまで既に多くの論述がある。[2]しかし、これは江戸などの消費地の主として石材観察をした結果であり、生産地の伊豆のどこで、どのような加工等の経緯を経たものであるかは追求されていない。伊豆には石丁場が何か所もあるのだが、それぞれを中世の丁場、近世の丁場、あるいは、墓石の丁場などのように、具体的な稼働時期と生産品目の区別をしながら見きわめ、石造物生産地の実像を明らかにする必要があろう。

伊豆は地質環境として、安山岩と凝灰岩の山々で構成されているために、石材は随所に得られる環境下にある。伊豆国内の二八〇余を数える村々で、安山岩、または、凝灰岩の石造物の制作場所（丁場）を抱えた村は、二十から三十箇村を挙げることができる。そこに石造物の回漕を担った村をも加えれば倍する数に達しよう。どこの村で、どのような石造物が制作されたのであろうか。また、江戸やその周辺の石造物は伊豆で完成されたのちに運ばれたのか、あるいは、素材石材だけが江戸へ持ち込まれ、江戸石工の手で造形・制作されていたものなのかも判明していない。

これらの疑問の解明には、単に職人史や技術史上の検討だけでは済まされず、将軍・大名・武士・百姓などの社会階層との関係性や宗教上の伏線などの社会経済上の制約を含みながら石造文化財は動いていることをみる必要がある。伊豆の石丁場のひとつを右の視点を含んだうえで紹介したい。

1　石丁場の研究例

石造物の制作は石工が行うが、その作業場所の具体像については意外なほど研究例が少ない。わずかに、小田原市域の発掘調査で十五世紀末から十六世紀初頭という時期の小田原城下の西縁部で、五輪塔や宝篋印塔などの石塔部材の未製品が多数が見つかった例[3]や埼玉県下の緑泥片岩製塔婆の採掘と加工の遺跡が知られる程度であり、完成した中・近世石造物の残存例の多さに比べると、その生産地や採掘地の実態は殆ど知られていない。

埼玉県小川町の青石丁場では、母岩を得るための緑泥片岩の露頭から板碑の制作に適した石材を取り出した露頭と加工丁場が見出された。そこでは、露頭の直下に大量の岩片の小山が形成されている姿が見出されている。板碑の形に成形するための小割作業が緑泥片岩の露頭直下で行われていたのである。[4]

こうした中世の事例は参照されるべきだが、近世の石工の作業場所についても、その実態が明らかにされていない現状では、文献史料・絵画資料・民俗・考古資料なども加えながら総合的な視点を以て近世の石工作業場の具体像を明らかにしてゆく必要があろう。

近世石工の稼働を示す史料を追うと、「信州石工」の如く旅先で石仏や礎石設置などの石工仕事をこなす者がある一方、「江戸石工」のように都市的な場に店と工房を兼ねた拠点を置いて稼働している者の二者の存在が考えられる。しかし、江戸石工の場合、江戸の周辺に天然資源としての石材産出が全くないのだから、江戸では遠方の石山から素材の石材供給があり、そのうえで制作にあたっていたとみる必要がある。このことを考慮すると、石工には第三の存在として、石山のなかで母岩の採掘を専業的に行っている者があることになろう。つまり、山の石工、村の石工、町の石工という三様を考えておく必要がある。山の石工は、石山で母岩の採掘を行い、村の石工は石山での採掘と需要に応じた加工を行い、町の石工は加工を専業的に行うのである。

信州石工は移動の先々で石材を得て加工に従事していたとみられるので、右の三様のなかの村の石工が長距離移動を伴った例であろう。

近世の石工たちの間では「山石工（屋）」や「細工石工」などと呼び分けがある。これは、都市から離れた山中の石山で岩石の採掘を専業的に行う者と、そこからの石材供給を元に方形・球形・石仏などを彫り出す仕事を専業的に行う石工の両者があったことによる呼び分けであろう。[5]

寛政八年（一七九六）に版行された『泉州名所図会』には、掘立柱建物の下で和泉砂岩を加工する数人の石工が描かれている。この石工たちは狛犬・石燈籠・石臼などの石製品の制作で、石ノミなどの敲打具を用いた加工をする者に加えて、石鳥居の部材らしい円柱状の石材に磨きをかける稚児頭の徒弟らしき人物も描かれている。すると、この石工たちの仕事内容は「細工石工」にあたり、「町の石工」と呼ぶべき姿であろう。一方、「山石工」の姿を描いた絵画資料も少数ながら知られており、そこには山水画風に描かれた岩壁にロープで吊り下げられた人物が岩肌に向けて作業をしている。おそらくこれが「山石工」と呼ばれた原石採掘を行う者を描いた絵画資料である。[6]

また、現代の石工たちの仕事場を覗くと、商品としての墓石などを展示する店の脇や背後に加工場が構えられ、そこで注文に応じた作業をする姿がある。こうした石工の民俗的な情報も、多くは細工石工と呼ばれる都市の中の石工の伝統を引く姿であるとみてよいのであろう。

以下では、こうした細工石工と山石工の別を想定しながら、具体的な石工の作業場の二、三を覗いてみたい。

（二）伊豆各地の石造物生産遺跡

1　石工の作業場所の概要

静岡県伊東市域には、近世石工が稼働した現場（以下、同時代用語の「丁場」と記す）が何か所か残っている。そのひとつの小川沢丁場は、江戸初期の江戸城石垣石材の採掘と江戸中・後期に至ってからの石丁場の再稼働が文献史料で確認できる。しかし、同地は既に機械化された現代の採石場としての再々稼働が昭和年間までに終わっており、その範囲では近世以前の石丁場は消滅している。よって、この小川沢では現代の採石場に取り込まれなかった範囲に残る古い時期の採石跡だけが前近代の様相を伝えている。他にも伊東市域には川奈・富戸・池・八幡野地区に、それぞれ近年まで稼働した採石場がある。ここもまた、近世以前の遺構は消えている。同様に神奈川県下の真鶴半島の石丁場の多くも、現代まで稼働を続けた採石場の範囲には古い時期の採石の痕跡は残っていない。

そうした概況だが、伊東市の宇佐美地区には小規模ながら点々と近世後期から近代にかけての石工たちの丁場が残っている。

2　近世の石製品生産遺跡の概要

以下では、宇佐美地区の字御石ケ沢と同字洞ノ入に残る近世中・後期から近代期の石工たちの作業場に注目して四か所の遺構を紹介する。ただし、この宇佐美地区を含む伊東市域全体は江戸城石垣の石材制作地でもあったため、近世初期の石丁場も多数残っており、近世中・後期の石丁場もその中に重複しながら残っている点には留意したい。

近世初期の江戸城向けの石丁場は、伊東市域の随所に分布しており（図1・4）、その間隙を縫うように近世中期以降の石丁場も稼働している。両者を比較しながら大まかにいえば、江戸城向けの石丁場遺跡は慶長年間から寛永年間末までに修築用の石材生産と搬出が終結すると、これらの近世初期の石丁場は凍結状態に持ち込まれた。これは、各石丁場に各藩が指名した「石場預り役」の者が配置され、幕末まで江戸初期の状態が維持管理されたことを指す。この「石場預り役」には村々の有力百姓が指名され、残存石材の数を管理して、毎年、藩へ保管状況の報告を行った。こうして各藩は、伊豆の石場を幕末に至るまで維持し、幕府からの石材供出指令に対応できる態勢をとっていた(7)。

一方、民需に応じた石丁場の中世以前の姿は判明していないが、江戸初期には既に石材を扱う商人として何人かの者が稼働し、江戸城修築用の石材の売買にも強く関与した。こうした石商人には相模早川 青木氏・伊豆宇佐美 荻野氏・西伊豆戸田 勝呂氏などを挙げることができるが、やがて、これら石商人が扱う石材だけでは民間の需要に応じきれない状態が生じたものとみられ、「相州石方六ケ村」などと呼ばれた村々が石製品の制作を請け負うケースも生じていた。冒頭に記した将軍家の墓石や墓前の石燈籠制作などは、村内の石丁場で村役人が前面にでて制作を請け負う形を執っていたものとみられる。近世中期から後期に至ると民需はさらに増大し、それまで石製品の製造に関係しなかった村々でも市場に参画する動きが生まれていたものとみられる。

次項で紹介する宇佐美村の例でも、江戸初期の石垣石生産地の多くは、今もその作業が中断された状態で維持されている。宇佐美村は安山岩の山々で囲まれており、村名主を務めた荻野氏は江戸城への石垣石の供給にも石商としての関与を持ちながら、「商人丁場」と呼ばれる採石場と石製品製造地を確保していた(8)。つまり宇佐美村からの石製品供給には、大名たちが直営した石場と民需に応じた百姓持ちの石丁場の両者があり、荻野氏

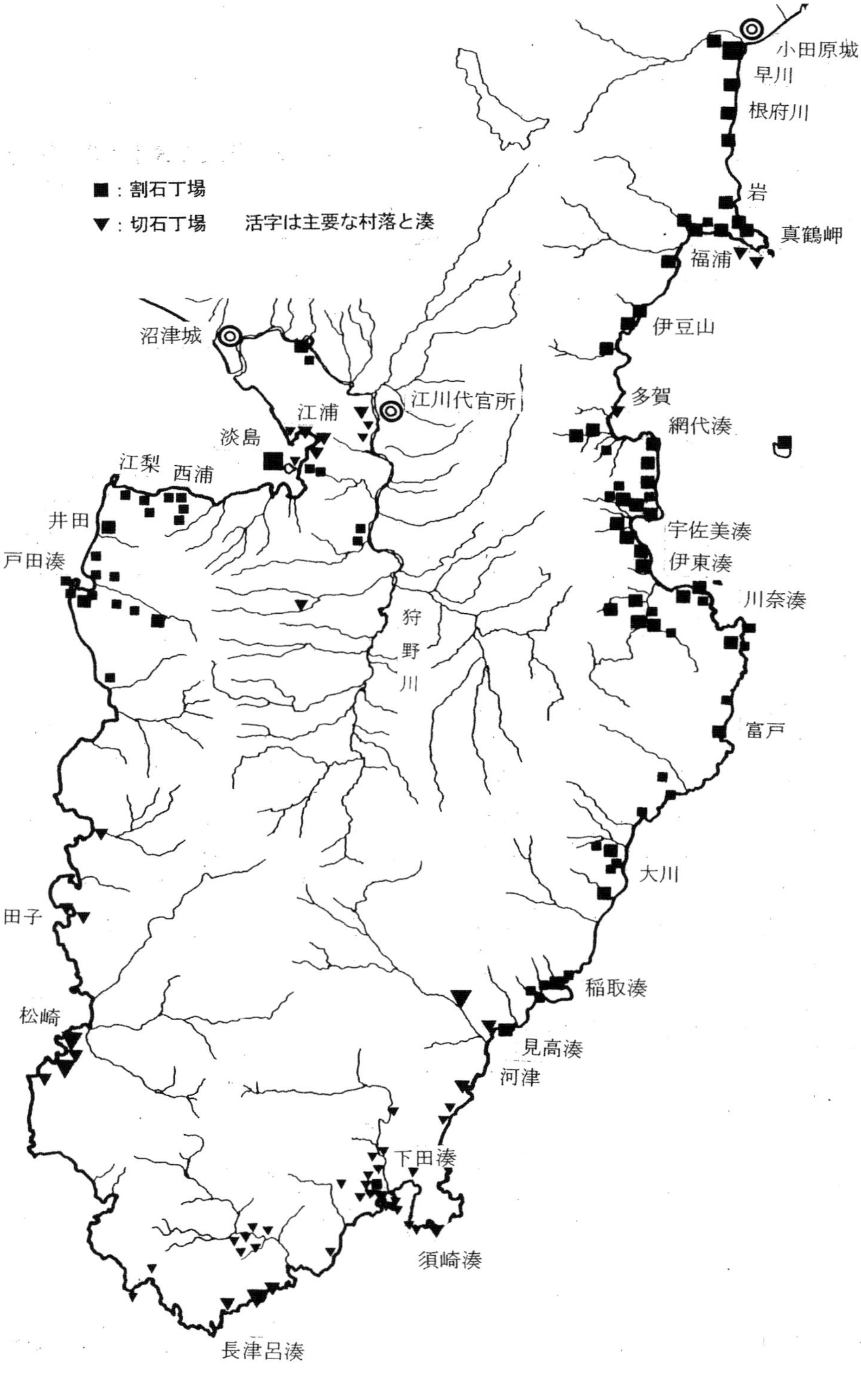

図１　伊豆半島石丁場遺跡分布図

の石丁場は後者の代表的な存在であった。この状況は周辺の村々でも同様とみられ、宇佐美地区の他にも大名丁場と商人丁場の両者があり、民需に応じる石製品製造は主として後者が対応していたものとみられる。

こうした商人丁場の製品の実例には、現熱海市上多賀地区の「多賀青石」製の石燈籠を図2・3に示した。多賀青石は凝灰岩であり、その生産は遅くとも一八世紀代には稼働し、一九世紀初頭には図2・3の石燈籠などの作例を残した。この石燈籠には「多賀邑　青石　中買　石工　中」とする銘文があり、石工作業をする者とその作品を市場に乗せる仲買商人のグループが村の中に存在したことを示している。この神社の社頭には多賀青石による寛政一一年（一七九九）銘の石燈籠も残されているので、遅くとも近世中期には既に「多賀青石」製の品々も江戸の石製品シェアのなかで、それなりの位置をもったものとみられる。

次項で記す宇佐美地区の石製品生産は、右の熱海市多賀の青石製品売買の成功の後を追うように始められたものとみられる。未成品を丁場内に残している宇佐美地区の四箇所の丁場について観察できる諸事項を次に報告する。

図2　上多賀神社享和二年銘燈籠

図3　同石燈籠銘文
「青石 中買 石工中」

（三）宇佐美字御石ケ沢左岸の石丁場

静岡県伊東市宇佐美字御石ケ沢の山中には近世墓石の未成品を丁場内に残す遺跡が所在している。この遺跡が立地する沢は、多賀火山による安山岩の山体が浸食を受けたものであり、山体の東側斜面地の標高一二五m付近にあたる。字名が示すとおり、周囲は江戸城向けの石丁場遺跡の群在地でもある（図4・5）。

字御石ケ沢には伊東市の清掃工場が堰堤を築いて出口を塞いでいるが、この谷は相模湾に向かうV字谷になっている。ここには、中央の主谷に向けて大小の支谷が樹枝状に入り込んでいるが、その清掃施設から上流側の各支谷の斜面には江戸初期の石丁場が点々と残っており、古い時期の石曳道も部分的には沢の中には残存している。そうした江戸時代初期の石丁場群のなかのひとつに、墓石とみられる方柱形の未成品を残している丁場がある（図6・7）。この墓石とみられる方柱状の未成品（図8・9）の周囲には手のひら大の石片（チップ）多数が共伴しており、近世初期の丁場とは様相が異なる。墓石らしい未製品は、三箇所の連続する平場のなかの一番大きな面積をもつ丁場の中央に横たわった状態で放置されていた。この平場は横幅四〇m×奥行二一mほどを測る一段の構成である。平場の奥側には母岩を採掘した岩壁が聳え立っている（図7）。そこから得た母岩に対して、大割りと小割り作業を加えて石製品制作をこの場で行ったのであろう。岩壁は高さ三〇m以上あり、垂直方向を中心とした不規則な

卍・○・□などのさまざまな意匠は、徳川初期に江戸城石垣の修築に動員された大名たちが現地に残した家印である。図中のドットの各位置には、こうした家印が刻まれた石材が多数残されている。このため、これらのドットの集中域には江戸時代初期の大名たちが開いた石丁場遺跡が残っていることを意味している。ここに図示した範囲は、静岡県伊東市域から同県賀茂郡東伊豆町の範囲までを対象にした。

図４　伊東市域の近世初期石丁場遺跡分布概念図

図６　字御石ケ沢の丁場の平場全景

図７　字御石ケ沢丁場背後の岩壁
（ここから石材を得たのであろう。）

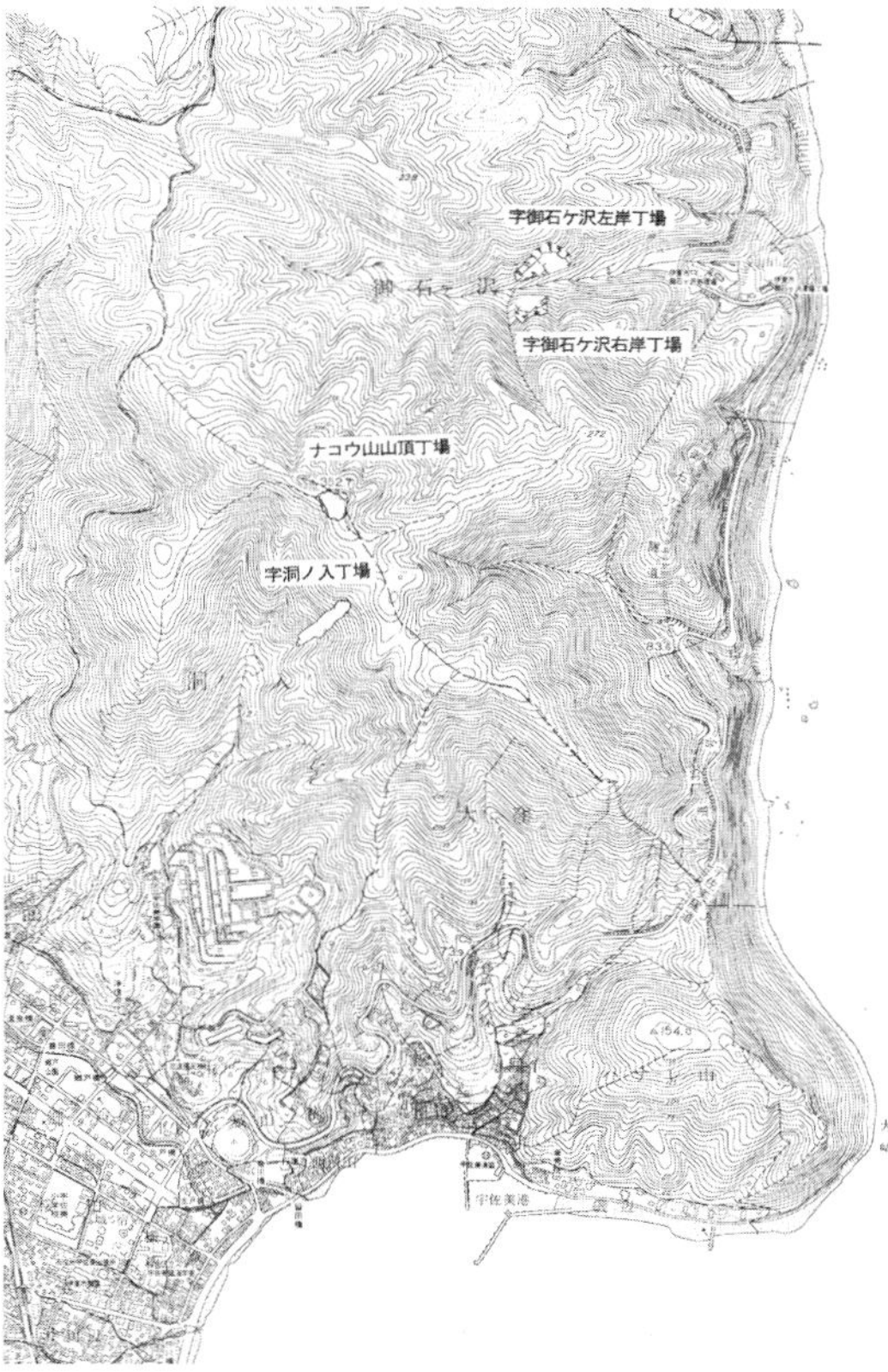

図５　字御石ケ沢右岸丁場・同左岸丁場・字洞ノ入丁場・ナコウ山山頂遺跡位置図

節理が発達している。このため、大きな母岩は得にくいのであろうが、下方（深部）になるに従って節理は疎になり、一mを越える母岩も内包されている。

この平場（図6）の上流側の一部には、土砂崩れによる崩落が起きており、一・五mを越える大きさの母岩が平場の中に転がり込んでいる。さらに崩落土を上流側にかわすと規模は小さくなるが、第二、第三の平場が現れる。ここには、石垣用の築石とみられる石材に矢穴が残るものが放置されていた。

第二、第三の平場にも整形過程で生じた大小の石片（チップ）が多数散乱している。また、この二箇所の平場も各一段の構成で、背後に岩壁があるので、そこから母岩を得ると直近の平場で荒割作業を行ったとみられる。

1　墓石の未成品

墓石の未成品とみられる石材は、第一の平場の中央部に残されており、図8・9・10に示したとおりの荒割状態で放置されていた。このため、墓石等への完成までにはさらに小割と敲打作業による平滑化、研磨、枠取り、刻銘などの仕上げ作業を経る必要のある未成品である。しかし、この山中の石丁場で平滑化などの仕上げ工程は施されていないのではなかろうか。

この墓石とみられる方柱状の未成品は、長さ六六cm、横幅・奥行各三〇cmを測る。方柱頂部は、自然面を一部に残した四角錐体で、その高まりは約四cmを測る。

全体は尺寸単位で作られ、写真からも分かるとおり四面の隅が直線となるように意識されながら荒割り整形が施されている。この墓石の完成には、割面の凸凹をなくす作業を加え、さらに研磨工程を経る必要があるが、細かな調整や研磨を施した痕跡は丁場内には見えない。

この石材が丁場に放置された理由には①方柱の中央部に空隙が見つかった（図10）。②サイズ的に一尺を割り込んで数cm程度痩せた部分がある。③頂辺の錐体の高さが不足しているなどの理由が考えられる。仮にこれを無視して作業を進めると、結果的に通常の墓石よりもかなり見劣りした姿になる可能性が高い。また特に、塔身中央部の空隙（理由①、図10）は致命的なキズとなったものとみられる。この空隙は節理面に内包されていたものと見られ、着手時には気づかないまま、後に現れたのであろう。

各地で実用されている墓石で頂部に錐体をもつ形

図8　平場中央に放置された墓石未成品

図9　墓石未成品の姿（頂部側から撮影）

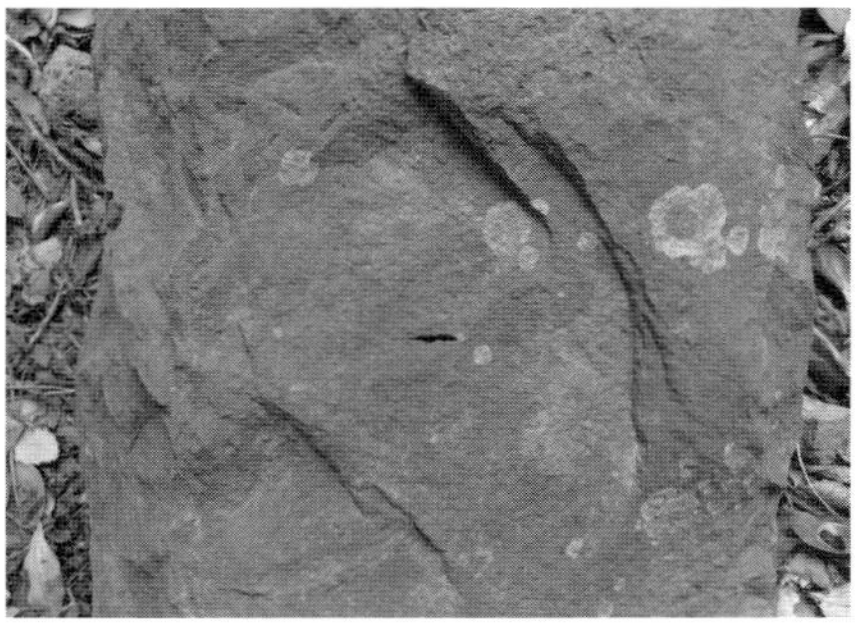

図10　墓石瑕疵（墓石中央部に現れた空隙）

所在地	断面縦・断面横・平面長・錐体長	特徴
御石ケ沢丁場	30・30・66・4	中心部に空隙あり
洞ノ入丁場	墓石① 31・33・67	
	墓石② 31・29・76	矢穴1個（幅3・長さ3）
	墓石③ 35・34・67	中央部に大きな痩せ
	台石 31・47・45・48	直方体台石

表1　宇佐美御石ケ沢・洞ノ入丁場墓石計測表（単位はcm）

態のものをみると、一八世紀中頃から現れて、一九世紀初頭にはこの種の墓石が既に主流になっている[9]。同様に頂部に丸いコブ出し(皿状ともいう)をする例も多く、錐形とするか、丸頭の墓標にするかの選択は当時既に行われていた。しかし、方柱形の墓石の頂部を平滑に仕上げる形態は、一九世紀後半以降に一般化するものである。現地に残るこの未成品は、頂部を錐体に仕上げることを意識しているから、一八世紀後半から一九世紀前半の年代観を与えて良いものであろう。

2　大量のチップ（剥片）

この未成品の周囲には大量のチップ（母岩から剥離された石片）が残っている。この石片（チップ）は、母岩を整形して平らな面を形成するときの剥離作業（小割）によって生じるもので、方形に仕上げるための隅角部に直線を出しながら割り取る作業と方形平面を作るための過程で生じる石片の両者で構成されている。

母岩からの割り取りの初期に生じる石片は、塊状のやや大きな岩片であろうが、整形作業が進むうちに次第に薄く小さな石片が生じるものであろう。現場には数cmから十数cm程度までの小さく薄いチップも大量に残っており、むしろ平場全体がチップの積み重なりで形成されたとの印象でもある。これを鉱山遺跡例で言えば、坑道出入口にズリの山が堆積している姿に似ている。

3　母岩の採掘痕

この丁場で、石製品を制作するための母岩は背後にそびえる岩壁から得ている。これは横幅約三〇m、高さ約三〇mを測る安山岩の岩壁で、縦方向にやや不規則な節理が発達している（図7）。節理と直交する方向には、片理が生じているが、目視では片理はあまり明確には見えない。節理面を利用しながら岩壁を崩して石材（母岩）を得ることで、制作に取り掛かったものとみられる。すべて多賀火山起源の安山岩で構成されており、新鮮な面ではやや青味のある灰色の安山岩である。

節理を利用して岩石を取り出した際には、大・小・細・太の別が生じようが、この岩盤は、基本的に直方体の母岩が得やすい場であったものとみられる。

なお、第一の平場には、現状で上流側（西側）岩壁の一部が崩落して丁場内に土砂と岩石が崩れ込んでいるが、これは地震や大雨などで背後の岩壁の一部が崩れた結果である。丁場の稼働停止後の崩落であろう。

4　矢穴痕

岩壁には、矢穴などの採掘の痕跡は確認できないが、第二の平場に残されていた築石に残っていた矢穴は、口幅四・五～五cm、深さ四～四・五cmを測る。この矢穴が掘られた時期には、近世初期の矢よりもよほど小型化が進んでいたとみられる。また、後述する右岸側の丁場に残る矢穴痕と同一規格の矢を用いているので、この両丁場は同時期に稼働しているものとみられる。

5　搬出路

制作された石造物(墓石等)は、丁場から外部へ運び出されたはずである。この搬出路を使って石工は丁場へ通い、制作した品が出来上がると、村の中へ運び込んで仕上げ作業にとりかかり、流通に乗せていたのであろう。よって、山中の丁場には通い道と製品の搬出路を兼ねた道があるはずだが、現状ではこの道は明確には残っていない。ただ、谷の下方に向かえば相模湾岸であり、この海岸は厳しいゴロタ浜海岸である。このため、江戸初期の石材は別として、波静かな日でなければ船舶は海岸には近づけないし接岸もできない。このため、現状では丁場の下流側には製品の搬出を想定できない。重量物であるが、むしろ上流側に運び出して稜線を越え、村の中へ運び込んでいたのではないかとみえる。

（四）　宇御石ケ沢丁場右岸の築石生産遺跡

1丁場の位置と概要

前項で示した墓石加工丁場でも石垣の築石一点が残されていたが、そこから谷を隔てた対岸には築石七点が丁場に残されていた。また、この平場にも墓石生産丁場と同様に大量のチップ（石片）が残る（図11）。

この丁場も対岸の墓石丁場と同じように江戸城石垣の生産を行った跡地の再利用とみられる。さらに、この丁場にも母岩を採るための岩壁が伴うが、その中央部で崖崩れが起きており、崩れ込んだ土砂や岩塊に覆われた範囲が多く、丁場の全体像は把握しにくい。

2　石垣築石の未成品

石垣用石材は一般に間知石《けんちいし》と呼ばれる例が多いが、宇佐美のこの丁場に残る石垣用の石材を間知石と呼ぶには躊躇される。後述するとおり間知石には一定の規格がある。しかし、この規格の如何が判明していない現状では、間知石と呼ぶことを避けておくべきであろう。江戸前期の同時代史料では、石垣用石材に対して、角石や角脇石などを除く主要部の石材を「平石」や「築石」と記している。[10] このため、ここでは石垣の主要な構成材料として予め作り置かれた石材を「築石」と記すことにする。

図11　宇佐美字御石ケ沢右岸丁場の全景

図12　宇佐美字御石ケ沢右岸丁場の築石

図13　宇佐美字御石ケ沢右岸丁場の築石②

さて、この宇佐美御石ケ沢の丁場内に残る築石の生産遺構には七個の築石が残されていた。個々の石材は、未成品や規格に達していないために放置されたものも含まれているはずである。この七個の石材が運び出されずに現地へ残された理由は判然としない。しかし、生産遺構の平場の端に集められていた状況からして、搬出に備えていたことは明らかである。出荷前に何らかの瑕疵が見つかったか、あるいは、既に必要とする数量が確保されて運び出す労力をかける必要がなくなって放置されたものかもしれない。いずれにしろ、七個の築石の大きさは、ある程度この丁場で生産された築石の用途や年代観を反映しているとみられる。

その築石の計測値を表2に示した。この表中の「面」は「ツラ」と読むべきで、石垣が組まれた際に表に出る部分である。これに対して「控」は「ヒカエ」と読み、石垣の内側に入れ込まれる錐形の部分である。面の縦・横は若干横の方が長くなる程度である。仮に縦長と控えの長さとの対比値を示すと一対一・五前後になるのが近世の築石の標準とみられるが、江戸城石垣などでは一・八や二・三などの数値を示す例もある[11]。つまり、古い時期の築石ほど控えが長くなる傾向があるものとみられる。ただし、ひとつの石垣のなかでも下方の石材には荷重がかかり、不等沈下の心配もあるので、控えの長い石材を石垣の下方に用いる使い分けもある。このため、一概に控えの長さは年代観にはつながらないものかもしれない。また、「割面」とは、石材の表面が荒割り作業のままで、細かな整形が施されていない状態の石材であることを示す。

所在地		面縦・面横・控長（㎝）	控／面縦	特徴
御石ケ沢 右岸丁場	①	34・40・52	1.52	割面
	②	50・50・60	1.23	割面
	③	30・35・50	1.66	割面
	④	33・35・45	1.36	割面
	⑤	30・40・56	1.86	割面
	⑥	30・30・45	1.5	割面
	⑦	11・29・33	3.1	矢穴（4.5・4・3.6㎝）・2 箇
洞ノ入丁場	①	32・30・41	1.28	割面
	②	30・47・46	1.53	割面
	③	33・36・35	1.06	割面
	④	38・24・35	1.36	割面
	⑤	41・40・42	0.92	割面
	⑥	39・41・52	1.33	割面
	⑦	20・40・42	2.1	矢穴（4.5・4・3.6㎝）・2 箇

表２　宇佐美字御石ケ沢右岸・字洞ノ入丁場の築石計測表

　表2に示した築石の寸法をみると、②の築石は他より大きく一尺五寸のサイズだが、他の①・③・④・⑤・⑥・⑦は一尺を少し上回るサイズを基準とした築石だとみることができる。面に対する控えの長さは、一対一・五（実寸では三〇cm×四五cm前後）程度のものが標準になっていたとみられる。

　石面の大きさは石垣が組まれる場所によって使い分けがあるとみられる。勿論、土木構築物としての耐力計算にも影響されようが、それよりも江戸城の石垣石の面は二尺角が要求されており、これは、おそらく土木工学的基準というよりも、史上最大の城郭に用いられる石材にはその権威を示す意味で大きな石材が求められた結果であろう。すると、この丁場に残された築石は江戸城石垣の規格には合致しておらず、一尺二寸角ほどの石材で済む民用の石垣に向けて用意されていた石材であることが分かる。ただ、②の石材は一尺五寸の基準で作られたものとみられ、民用の石垣材というよりも、そのひとつ上のランクの石垣に用いられる規格であったとみられる。

　石垣には使われる場所によって使用石材の大きさに違いがある。江戸城の石垣石が二尺角を越える大きな築石で築かれているのに対して、藩邸・上級武士屋敷・寺社建築などの敷地を囲う石垣には一尺五寸程度の築石が用いられ、民用には一尺二寸前後の築石が使われているとみた方が適当であろう[12]。

　また、⑦の石材は面と控えの比率が異常値を示しており、この石材はおそらく制作中に途中で欠損してしまったことによる残石であろう。

３　矢穴の大きさ

　この御石ケ沢右岸の丁場も近世初期に江戸城向けの石垣石を生産した丁場であり、それを再利用したことを示す痕跡のひとつに、石材にしつけられた矢穴の姿の違いをみることができる。この丁場のなかに一ｍを越える大きさの石材が二個あり、各々に分割を試みた痕跡が矢穴として残っている。

　これを図14と図15に示したが、それぞれの矢穴は大

母岩位置	矢穴①口幅・底幅・深さ	矢穴②口幅・底幅・深さ	評価
字御石ケ沢右岸丁場　母岩A	11・8.5・9(単位㎝)	12・8.5・10(単位㎝)	近世初期
字御石ケ沢右岸丁場　母岩B	4.5・4・4.5	4.5・4・5	近世中・後期
字洞ノ入丁場　卍刻印石	10・9・8	9・8・8	近世初期
ナコウ山山頂丁場　石臼	4・3・4	4・3・4	近・現代

表３　各丁場の矢穴計測表

きさと間隔に違いが著しい。この矢穴の計測値を表3に示した。一連の矢穴は規格をもっており、アトランダムなものではないが、両者の違いを時代差とみるか、それとも、石工の選択による違いとみるのかによって所見が分かれるところである。

一方、この二つの石材には偶然にもみえないが、江戸城向けの石材には通常、大名各家の刻印《こくいん》が刻まれる。この刻印とは、各家が江戸城修築に貢献したことを示すために家印《いえじるし》を石材に陰刻したものである。家印とみられるから、さまざまな意匠があるが、これを刻むことで他家とのトラブルを避けるためでもあったとみられる。この刻印が刻まれた石材に残っている矢穴は、どの石材を見ても、大きく、密に穿たれている。ところが、近世後期などの再利用とみられる丁場内に残る矢穴は、小さく、矢穴の間隔が広く見える。この違いが表3にも表れており、近世初期のこの丁場が開かれた時期とみられる矢穴は、口幅が一一cm～一二cmと大きく、隣の矢穴との間が六cmである。これに対して、再利用の際に母岩の分割を試みた矢穴は、口幅で四・五cm、隣の矢との間隔は四cmから五cmを測っている。

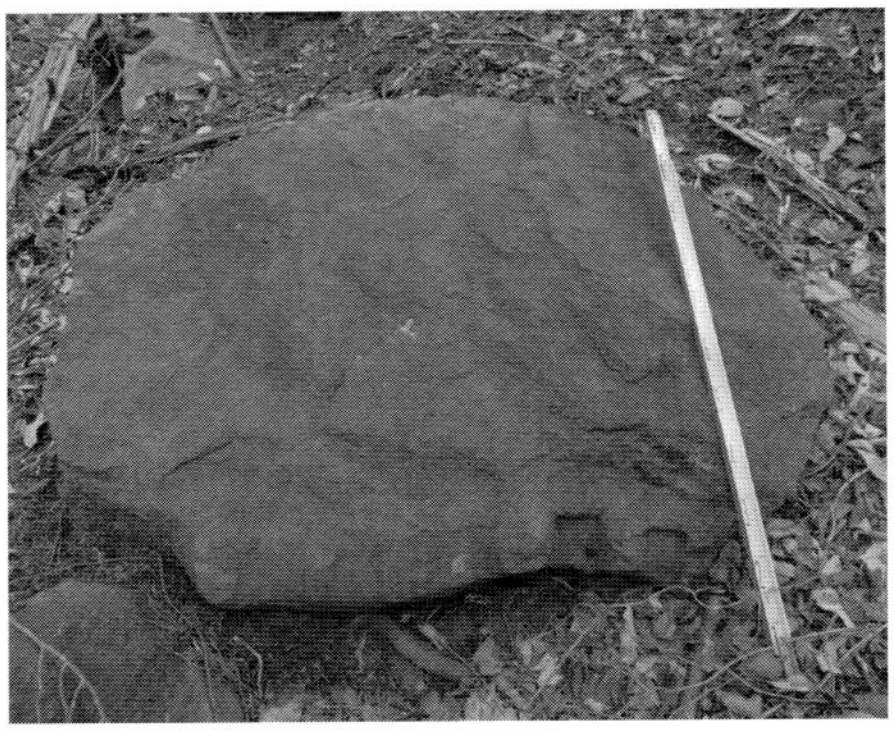

図14　字御石ケ沢右岸丁場の母岩①

図15　字御石ケ沢右岸丁場の母岩②

おそらくこの矢穴二態は、近世初期の矢の大きさと近世中期以降の矢の大きさに応じて生じたものである。矢は鉄製であるが、近世の間の経験の積み重ねによって、次第に小さな矢が用いられる傾向となっているのであろう[13]。

なお、後述する石臼の未成品には口幅が三cmほどのごく小さな矢穴が残されており、筆者が確認できている矢穴のなかでこれが最小のものである。

（五）宇佐美字洞ノ入の墓石・雁木石・築石・生産遺跡

1　洞ノ入丁場の概況

伊東市宇佐美字洞ノ入には、墓石・築石・雁木石《がんぎいし》の未成品を残す丁場が残っている（図16）。年代観は判然としていないが、廃棄された石片の間に割れた「貧乏徳利」が見えているため、明治期に稼働していた可能性が高い。ただし、残っている未成品は前項で記した御石ケ沢の丁場の未成品と同じ加工痕であるから、明治期と言えども、技術的には近世中・後期以来の伝統的な技術による石製品生産遺跡であろう。

この字洞ノ入の石丁場遺跡でも、丁場内で小割作業が行われ、その作業によって生じた石片（チップ）が濃密に散乱している。この点、江戸初期の石丁場には石片が散乱している姿は全く見えていないので、両者の明確な違いのひとつは今のところここにある。

字洞ノ入丁場は、主谷に向けて流れ込む幾筋もの支谷のひとつに立地しているが、西側に隣接する支谷には江戸初期の丁場はあるものの、新しい時期の丁場は展開していない。

図 16　洞ノ入丁場の全景

図 17　洞ノ入丁場の通い道脇に並ぶ雁木石

図 18　洞ノ入丁場に残されている雁木石

図 19　洞ノ入丁場の墓石未成品

図 20　洞ノ入丁場に残る墓石の未成品

図 21　洞ノ入丁場に残る墓石の台石

図 22　洞ノ入丁場に残る築石

図 23　洞ノ入丁場の最上部に残る卍刻印を刻む築石

この洞ノ入の丁場では、墓石竿石（図19・20）と台座石（図21）、石垣用築石（図22）、雁木石（図18）の三者が制作されている。作業用の平場は谷筋に沿って段々畑の如く縦列に並んだ状態で残っており、通い道がそれぞれの平場を繋ぐように通っている。その道脇に寄せられた状態で、築石や墓石などが搬出されないままで残されている（図17）。

母岩となる石材は転石を使用したものとみられ、平場の周囲には岩壁は所在していない。このため、考えられる母材獲得の方法は江戸初期以来ここに残置されたままであった江戸城向けの石材の再利用を図ったのではないかとの推定である。さらに、この推定は明治期に至って石場預り役を拝命していた者による管理体制が崩れたことで、ここに石丁場が展開できたものとも推測できる。

2　墓石と台石の未成品

洞ノ入の丁場の墓石の竿石二個（図19・20）は前掲の御石ケ沢丁場のものより、やや太く大きい印象があるが、頂部には錐形を作ろうとする意図は見えず、平らな割り面のままである。方柱形の墓石の一般的な姿からすると、頂部が平滑になる形態は二〇世紀代以降の年代観である。

台石は墓石竿石とセットになるサイズ感のもので、竿石と台石とは通い道の左右に分かれて残されている。台石は竿石同様に全面が荒割状態であるが、側面の仕上がりと上面の仕上がり具合には違いがある。また、台石には蓮座などを表す部分も残っていないため方形の台石と方柱の竿石の組み合わせで墓石などに組まれることを想定した制作であろう。ただ、図19に示した竿石と図20の竿石では仕上がり感に違いがあり、両者の間には別の一工程が加わっているものとみられる。

3　雁木石《がんぎいし》の未成品

一般に雁木石と呼ばれる長方形棒状の石材がある。江戸城などでは土塁や石垣の内側に階段状に横渡しされて置かれている例が多い。あるいは寺社では、この長方形棒状の石材を用いて壇の縁石・石階段・透塀などが組み立てられることも多い。この雁木石の残石の計測値も表4に示した。

雁木石は必要に応じて長い材と短い材が組み合わされて縁石などに組まれるものだが、通常の雁木石の幅は三〇㎝ほどである。これに対して、この丁場に残る雁木石は幅が二〇～二三㎝前後で小ぶりなサイズである。長さは、六八～七九㎝とややバラつきがあるが、厚みは一八㎝に整えられており、ここにも表・裏面の違いを出すために研磨工程が加えられているものとみられる。この小ぶりな雁木石を用いて築かれた構築物は、ハーフサイズの石段などとみられ、その踏石とされるべく制作されていたものであろう。

所在地	断面縦・断面横・平面横長（㎝）
洞ノ入丁場 雁木石	① 23・18・79
	② 22・18・68
	③ 20・18・77

表4　宇佐美字洞ノ入丁場雁木石観察表

4　築石の未成品

雁木石の未搬出材と混在しながら、丁場内を通る道の脇には石垣用の築石（図22）も置かれていた。この築石についても表2に計測値を示した。この計測結果からみると、字御石ケ沢に残る築石よりも、控えの長さが短くなっており、面の縦・横対する控長の比率は一・二程度にまで下がっている。この低下が、おそらく築石に現れる年代差であろうが、わずかな計測値だけでは断定できないものかもしれない。

なお、洞ノ入の石丁場の一番奥部には図23に示した大きな築石が二個残っており、この石の面には卍形の刻印が刻まれている。卍を家印にしていた大名の丁場が江戸時代初期にはここにあり、残されていた残材の再利用が行われていたことを示すものであろう。

（六）ナコウ山山頂の石臼の生産遺跡

1　ナコウ山山頂石丁場の概況

前項までに記した宇佐美地区の字「御石ケ沢」と字「洞ノ入」は、標高三百五十二ｍを測る通称「ナコウ山」の稜線上で堺を接している。このナコウ山の頂上には、国の史跡指定を受けた江戸城石垣石丁場遺跡を象徴する「羽柴越中守石場」の銘を刻む大石（図24）が所在している。

この大石の周囲には、多くの大名たちが江戸城石垣に供する石材を整えた丁場が群在しているが、実は、この大石の直近の周囲にはコッパ石が散らばっている（図25）。つまり、前項までに示した近世中・後期以降に稼働した丁場が、この大石の周囲にもあったことを示しており、洞ノ入丁場と同様に残石の再利用で石製品が制作されていた。この場で、いつ、何が制作されたものかは究明しがたいが、コッパ石の中のひとつに石臼の未成品（図26・27）が残っていた。

2　石臼の未成品

回転式石臼（以下、石臼と記す）は、日本の食糧生産用具として非常に重要な役割を果たしてきた。しかし、その生産と使用の実態は不分明な部分が多い。

中世前期を中心とした都市鎌倉での石臼の出土は、ごくわずかな数しか

図24　ナコウ山頂の「羽柴越中守石場」を刻む大石

図25　ナコウ山丁場の全景

図26　ナコウ山丁場に残る石臼未成品（下臼上面観）

図27　ナコウ山丁場に残る石臼未成品（下臼底）

知られていない。その後の中世後期から戦国期の石臼の出土例は多くなると言えども、城館跡などの経済力をもつ場にしか出土例は知られていない。この状況からすると中世には石臼の民用はあまり多くはなく、近世以降に普及したと推定できる。

石臼は、小麦や蕎麦などの穀物の粉体化を効率的に行う道具であるから、この普及によって、日本食のなかに麺や餅などの柔らかい食感の食べ物が次第に広まったことが想定できる。麺や餅は古くからあるメニューだが、小麦などの粉体化工程に手間と時間がかかるために、日常食にはなっておらず、民間に回転式石臼の普及があるまで一般化はしなかったものとみられる。

石臼の普及に長時間を要したのは、中世以前の日本食の伝統が粒食主体であったことにもよろうが、もう一方の理由に、石臼の生産が技術的に難しいものであったことも影響しているのではないだろうか。この結果、庶民の日常に石臼が本格的に普及するのは近世後期から明治以降ともみられる。そこでは凝灰岩などの軟質石材による石臼が廉価なものとして出回ることで、貧しい村々にも石臼による粉食が広まったとみることができる。民俗例では回転式石臼が嫁入り道具とされていた例も知られており、これは明治期以降でも必需品でありながらも、入手困難な品であったことを示す例であろう。[14]

こうした背景をもつ石臼が宇佐美のナコウ山頂上付近で制作されていたことになる。図26・27に示したとおり、二個の小さな矢穴を残した部分を取り除けば円形になるところまで成形されている。しかし、この未成品は途中で作業放棄されており、丁場の中に未成品となって残されていた。おそらくその理由は石臼としての厚みが不足していたのであろう。

石臼は上臼と下臼の上下二つの部材が中心軸で組まれて上臼が回転し、下臼との間隙に穀粒が落ち込んで摺り潰される。下臼は潰された粉体を排出する必要から頂部が緩やかに膨らみをもつ。残されていた未成品にはこの膨らみが意識されているので、下臼の未成品とみられる。

この石臼が生産された丁場は、標高三五二・七mの高みにある「羽柴越中守石場」の周囲である（図24・25）。ここは、宇佐美集落から見上げる位置にあり、石工が毎日通って仕事を続けるには往復の労力を要する。前述した字洞ノ入丁場から地図上では四〇〇mほどの距離でわずかだが、山頂近くは斜度を増すため、日常的な作業場所には適さない。そうした環境下で石工が仕事をしても、完成品が墓石のような重量物であっては製品の搬出が困難である。このため、ナウ山山頂丁場では、おそらく石臼のような比較的軽い製品で、かつ、付加価値が高い石臼の制作が選択されていたとみられる。

（七）伊豆の石丁場遺跡の諸相 ‐まとめとして‐

以上のとおり、近世中・後期から近代にかけて、新たに始められた宇佐美地区の石丁場四か所の概要を記した。いずれも近世初期の江戸城への石垣を制作していた石丁場の再利用から始められた点に共通した特徴がある。名称は江戸時代初期の遺跡名との調整も必要であろうから、字名を冠して仮称した。

いずれも江戸初期の丁場の再利用であるから、母岩は割り残された大石を使ったり、岩壁でも既に江戸初期に手が付けられていた岩壁の採掘を継続させたのであろう。こうした再利用の石丁場が他にどれほど分布しているのか、詳細は判明していない。しかし、江戸初期のものは伊豆各地に非常に良く残っているので再利用の丁場が圧倒的多数になることはないのであろう。

伊豆の石丁場遺跡の実態は近年の分布調査の進行で全体像は明らかにな

りつつあるが[15]、そこで見落としがちなのは、近世中期以降の石丁場や凝灰岩製品の生産に係る遺跡も多数におよぶ点である。

1　築石と間知石

石工の間で「けんちいし」と呼ばれる石垣用石材は、史料上では「間知石」の字を当てる例が多い。この石材は、伝統的な日本の石垣構築技法のうえでは近世から近現代に至るまで石垣の主要構成部材とされてきた。

実際に使用されている間知石をみると四角形や五角形を石面（いしづら）にした錐形の定形的な石材である。国語辞典『大言海』（昭五五・六六版）によれば「けんちいし」は「剣地石」と記すべきもので、「剣打ち」の略で「剣形に切るの意にもあるか」としている。

しかし一方で、「けんち」は「検地」の字使いをすべきであるとも考えられる。この場合の「検地」には税額を決める手続きの意が前面に出やすいが、「検地」には土地測量や境界を決める意が本来的に含まれるものとも解される。すると、間地石は一定規格で造られた石材を指し、土地境界などに設けられる石垣用材とされたのが本来的な意のようである。

近世初期の江戸城向けの石材は、石面が二尺角を越えるものが用意されているが、同時代史料が記す如く「大小あり」が実態的なところで、この段階ではあまり強い規格化は起きていない。しかし、近世のどこかの時点で石垣石には規格化が進んだものとみられ、大きな石丁場を抱える村では年間数万個という規模で間知石を生産して湊《みなと》から運び出している。こうした情勢や回漕と施工の都合からして、石垣石の規格化は近世の早いうちから進められたはずである。

そこで、宇佐美地区の字御石ケ沢と字洞ノ入に残っていた間知石を改めて見直すと、石面には両者とも一尺二寸と一尺五寸の二種の築石を用意しており、この二種類が近世に行われた間知石の標準的な姿であるとみられる。

ただ、両丁場の築石を詳細にみると、面と控えの長さの比が御石ケ沢では平均一・五二であるのに対して、洞ノ入丁場の築石が一・二四という小さな数値になる点には注意を要する。おそらくこれは御石ケ沢の方が近世中・後期に再稼働した丁場であり、一・五前後が当時の間知石の標準値であるのに対して、洞ノ入丁場の築石は明治期に入るものと見られることに由来するのであろう。

2　墓石と石臼

中・近世には石造文化財全般が商品として流通していたとみる必要があろう。勿論、その制作技術や意匠の決定に宗教勢力が関与することが考えられるが、近世段階には製造物が流通するという社会経済上の事象のひとつとしての性格が強くなるものとみられる。

3　中世と近世・近代との関係性

石塔は中世段階でも伊豆で制作されていたが、この段階では宗教色が強い物品として寺社に関係した者が関わりながら死者供養や先祖供養のための造塔が行われていたとみられる。

鎌倉のやぐら遺構内の五輪塔などの石塔には、鎌倉石で造られたものと伊豆産の安山岩で造られた塔の二者が併存している。この二者の選択が行われていることをみると、宗教的な観点を別にすれば、在地の石材で造るか、あるいは、遠方からの石材で造るかの選択によって費用的な違いが生じていたことは明らかである。詳細は今日には伝わりにくいものだが、当事者にとっては信仰心と現実との間で揺れる心理がそこにあったことは明らかである。

しかし、こうした心性の部分は別として、戦国時代から江戸時代へと次第に下るに従い、石造物の利用・制作・製造には次第に宗教色は薄らぎ、流通経済上の問題が占める割合が高くなっていくものとみられる。前項で述べた石垣石の規格化は、徳川家・大名・寺院などの権威を示すための大きな築石という心象が反映した近世初期段階から、次の段階では築石に規格化を進めて、経済的な利便性優先の姿勢が生まれているとみることができる。

同様に、大陸から招来されたことで国内の使用と生産が始まった回転式石臼は、大陸文化との繋がりの強い禅宗寺院や城館跡などで使用された中世段階から、近世になってようやく安山岩製の石臼や、より廉価な凝灰岩製の石臼が制作されるに及んだとみられる。これも近世に至ると宗教との関係は薄れて、流通経済上の構成要素のひとつとなったとみて良いであろう。

石造物を生産している伊豆の石丁場では好・不況の影響を強く受けつつ、消費地である江戸からの注文の多寡によって、石工たちは都市からの求めに応じてさまざまに動き回っている。その結果として伊豆の石丁場には墓石・石仏・石臼・雁木石・石鳥居・石階段などさまざまな要求に応じて制作した痕跡が残されているのである。

註

1　拙稿「近世大名墓の制作」『近世大名墓の世界』二〇一五　雄山閣に徳川将軍家の墓石制作地の概要をまとめた。

2　秋池武『近世の墓と石材流通』高志書院二〇一〇では、十七世紀代の墓標に占める西相模〜伊豆産の石材によるものが七〇%を越えているが、その後次第に利根川流域などの他地域からの石材による墓石が増える傾向を示すとし、江戸時代全体では一七三二六基の調査墓石に対して七一八九基（四一・五%）が西相模〜伊豆産の石材の墓石であったとの調査結果を報じている。

3　佐々木健策「西相模における石塔の加工と変遷」『小田原市郷土文化館研究報告』№45　二〇〇九には、小田原城下で出土した中世石塔の未成品に関する調査結果への所見がまとめられている。

4　磯野治司「武蔵緑泥片岩の石丁場」『石造文化財』八号二〇一六には、埼玉県比企郡小川町の石丁場群の立地と概況がまとめられている。

5　拙稿「伊豆石工の活動履歴」『石造文化財』一二号二〇二〇に、中・近世の伊豆周辺の石工の諸相を略述したが、小田原の「青木家由緒書」は、石工の分業として「山石工」「仕上げ石工」「築石工」などの呼び分けがあると記している。

6　『泉州名所図会』については『阪南市の歴史文化遺産』阪南市教育委員会二〇一八収載図を参照した。また、小田原市内に伝わる「石切図屏風」は、江戸城石垣への伊豆からの石材回漕を描いた山水画風の画像である。これは江戸城普請がかなり伝説化した近世後期の作品とみられるが、その一場面に絶壁に吊り下げられた石工の作業が描かれた例がある。

7　「石場預り役」などについては、拙稿「江戸へ運ばれた石材と近世史上の位置」『江戸築城と伊豆石』吉川弘文館二〇一五に概要を記した。

8　商人丁場を稼働させていた者のひとりに宇佐美の荻野氏などを挙げ得るが、具体的な丁場の位置や稼働状況などは判然としていない。

9　三好義三『近世墓標』ニューサイエンス社二〇二一や註2文献を参照した。

10　江戸城石垣に関する近世初期史料は単に「石垣之石」としたり「わり石」「わり置候石」とするほか「平石」や「築石」との表記はあるが、「間地石」はみえない。なお、史料との整合性に関しては拙稿「江戸城向け伊豆石丁場の運用」『織豊城郭の石切場』第一五号（二〇一五）にまとめた。

11 栩木　真「江戸城の石垣に使用された築石」『江戸築城と伊豆石』吉川弘文館二〇一五には、江戸城の発掘調査で検出された石垣石（築石）の計測結果がまとめられており、外堀各所の石垣には二尺を基準とした石材が用いられ、面の縦・横と控との比率も一・五から二・一前後になることを報告している。

12 『静岡県の諸職』静岡県教育委員会一九八九に採録された上多賀の石工山田康太郎（昭和三年生まれ）からの聞き取りでは、間知石には「インニ」と「インゴ」と呼ぶ二別があり、その意は「一尺二寸」（三六・九㎝、インニ）と「一尺五寸」（四六・八㎝、インゴ）のサイズの違う二者を呼び分ける表現だという。

13 拙稿「石材矢割技法の展開」『考古学論究』第一三号二〇一〇に次第に小さくなる矢穴に関する試論を示した。

14 瀬川清子『食生活の歴史』所収の石臼使用に関する民俗例を参照した。

15 杉山宏生『伊東市伊豆石丁場遺跡確認調査報告書』伊東市教育委員会二〇一〇

栗木　崇『熱海市内伊豆石丁場遺跡確認調査報告書』熱海市教育委員会二〇〇九

岡田善十郎『東伊豆町の築城石』東伊豆町教育委員会一九九六などを参照した。

【書　評】

金子浩之 編

『津波と考古学』（季刊考古学 一五四）

雄山閣　二〇二一・一
定価（二四〇〇円＋税）

▽七〇年前の地球観に怯えた思い出△

小学生の頃、地球は太陽のように熱を発する惑星ではなく、いずれ月のように冷えて人間は生きることができなくなると授業で教えられ、何とも言いようのない怯えを感じたことを覚えている。七〇年以上昔のことである。現在はこうした地球観は払拭され、プレートテクトニクスに基づいて、地球はマントル対流による地殻の沈み込みと生成が繰り返され、絶えず新しい地殻が再生されると語られるようになった。しかし、わたしのなかで、七〇年以上前のそうした怯えがいつ消えたのか、自己自身の地球観がいつ転換したのか自覚のないまま、いつの間にかプレートテクトニクス理論による説明を受け入れていた。

泊次郎の『プレートテクトニクスの拒絶と受容』（初版、二〇〇八年）を二〇一七年の新装版で読んで、日本ではプレートテクトニクス理論の受容には長い期間を要したこと、その間に地球科学をめぐる理論的な相克が長く続いたことを知った。この本が語る戦後日本の地球科学論争は、科学論に限らず歴史学にとっても関わりに深い問題、研究か民主主義の実践か、実証か理論か、歴史は科学か文学かなどの問題を含み、ひとり科学論だけに留まらない、戦後日本の思想状況の一端を紐解くものでもあり、戦後歴史学史を側面から辿る思いがした。

プレートテクトニクスによる地球観はすでに欧米では一九六二年に受容されていたというが、日本の学界でこれが一般的になるのは一九八〇年代とされ、少なくとも一〇年以上は遅れたのだという。泊によれば、受容を拒絶したのは地質学の研究団体であったということだ。恐らく、地質学と学術連携の深い考古学も少なからざる影響を免れなかったのではないかと思う。

▽プレートテクトニクス受容とパラダイムの転換△

それはさておき、書評の対象とする季刊考古学一五四号の特集『津波と考古学』によれば、津波堆積学が日本で始動しはじめるのは一九八〇年代後半のことだという。このことは、泊のいうプレートテクトニクス理論の受容が一九八〇年代という言説と重なる。また、「地震考古学」を提唱した寒川旭も本書の報告で、一九八六年北仰西海道遺跡の縄文晩期遺跡で噴砂を目撃したことから、遺跡の液状化現象に注目し、一九八八年に地震考古学を提唱したという。この時期には、いわゆるパラダイムの転換がすでに図られ、一定の学術成果が公開され始めた段階ということができる。本書の執筆者は比較的若い世代によって占められているから、プレートテクトニクス理論の拒絶か受容かで悩んだ世代ではないとみてよいのだろう。

本書特集号に掲載される報告は一六件、編者の金子浩之は二報告を執筆しているので、執筆者は一五名である。論題も内容も多岐にわたるので、一覧に付した上で、それぞれの内容から、本書が示す津波と考古学の現在を把握することにしたい。

まず、それぞれのフィールド、あるいは対象とする地域は、北海道千島海溝沿岸部、仙台平野、房総半島南部、江戸湾、伊豆半島、遠州灘、大阪湾、紀伊半島南端、高知県、豊後水道と、ほぼ太平洋沿岸全域に及ぶ。中心的論題は、過去の津波を伴う巨大地震の南海トラフ、相模トラフ、日本海溝のプレート境界が引き起こす地震がもたらす津波痕跡の有無、内陸地震の痕跡、あるいは発掘調査上津波堆積物とは分別すべき高潮についての文献など、考古学、歴史学、災害伝承などから、今に残る災害痕跡を追跡することのできる広範囲な領域に亘る。専門分野別にみると、考古学一一人、歴史学五人となるようだが、考古学のうち、津波堆積学の成果を問う報告が圧倒的に多い。これはいうまでもなく、東日本大震災に対する研究者の反応の表れであり、本書が編まれた意味もここにある。

▽過去の津波痕跡から明らかになる未来とは△

津波地震がもたらす痕跡は地上、地下のいずれからも調査・分析が進められている。まず、地上の例として地震による千葉房総半島南端の海岸隆起の痕跡から、宍倉正展は汀線に密集するヤッコカンザシの遺骸を指標に、大正関東地震型が二〇〇〜四〇〇年、この数回が重なるうちの一回に元禄関東地震型が確認できることを明らかにし、元禄関東地震型の発生確率は二〇〇〇年〜二七〇〇年に一回とした。なお、元禄地震による被害は房総半島で死者六〇〇〇人がカウントされているが、大正関東地震では死者数が一〇万五千人に及んだのは、揺れによる圧死ではなくよりむしろ火災が原因であったから、「震災」ということになれば、純粋に理学的な解明だけでは災害対応への回答は与えられない。これは別の領域の課題となる。

地下の地震痕跡を探る津波堆積について、『津波堆積の科学』（東大出版会、二〇一五年）の著書藤原治をはじめとして、一様に、河川の洪水の跡の堆積あるいは高潮による堆積と津波堆積との違いを強調する。津波の押しと引きの波による堆積は海岸由来の砂質だけでなく、その間に泥質の堆積を挟む板状堆積が多いことや、津波堆積物が必ずしも連続分布するわけではなく津波の流速の変化、地面の凹凸、地層に埋もれるまでの受ける風雨や人為的攪乱などで、必ずしも「堆積構造」のモデル化できるわけではなく、現実には堆積物を広く考察するなかで津波によるものか否かを見極める必要が説かれる。しかし、貞観地震の仙台平野における堆積物の調査では極めて厳密な規定を行い、自然科学（考古学）が本来対象とする津波堆積とは、「考古学においては、遺構と津波の関係は、水成で未変形の生きた津波堆積層のみが意味を持つ」（相原淳一、三七頁）とする。こうした理想的な津波堆積構造が観察・調査できる条件下、静穏な環境の沼地で、且つ人為的改変が行われていない典型的な津波堆積の検出事例として宮城県山元町熊の作遺跡が挙げられている。この点は、津波堆積を対象に長い間フィールドワークを行ってきた平川一臣も、津波堆積物検出の地形的条件として、海岸線の地形変化が少なく、地形形成が安定・緩速の所が好ましく、沖積低地やラグーンは不適切であり、河川の影響の少ないところを選択すべきとしている。こうした条件で千島海溝の巨大津波の基礎となるべき四〇〇の選択地点のフィールドワークを行い、「五〇〇年間隔地震」での発生確率を得たとする。

▽「考古学」の領域とは△

考古学は地中で発掘されたもののみを理学的に分析、解明することが本来の考古学であるとする立場から、発掘結果の考察に他の分野での考察を積極的に活用し、他の分野の学問領域との成果の共有を目指す立場からの報告もある。

本書の報告から歴史学系の執筆者は五人とみた。このうち、江戸湾の津波・高潮の文献紹介（村岸純）、中世鎌倉の13世紀から一五世紀の高潮、地震・津波の史料紹介（片桐昭彦）は、地震、高潮などの記録の紹介に行儀正しく留まるが、別府湾岸に津波災害をもたらした慶長豊後地震・宝永地震・安政地震の文献紹介（豊田徹士）、伊豆下田の津波罹災歴と安政地震の復興を画策された波除堤の意味付け（増山順一郎）、巨大地震による高知県山間部の山津波の発生の伝承と石碑の存在（岡本桂典）、あるいは防潮堤を補完する「命山」の役割を発掘成果に基づいて位置づけ、防災への展開を図る（松井一明）など、文献に限らず考古学においても、その成果を求める方向が必ずしも一様ではないことがわかる。

▽編者の挑発的論考△

特に興味深いのは、編者金子浩之の報告である。専門領域は考古学だが、本書の報告二編では、伊豆半島の墓石の分布から元禄関東地震の死者数を割り出す調査結果と、伊豆半島沿岸部の寺社の棟札の増減の動向が明応四年（一四九五・相模トラフ地震）と明応七年（一四九八・南海トラフ地震）以降に急増する傾向を捉えて両地震の被害の大きさと復興への動きを示唆する一編、さらには、遠州灘～相模湾の漂着神仏の分布から津波伝承を探る試みなど、想像力の駆使を前提とする挑戦を示している。考古学分野に収まるのか議論を呼ぶ内容である。

かつて私は考古発掘作業を文献の担当者として手伝ったことがある。バブル期直後の再開発の盛んであった東京での行政発掘である。期限と予算が限られ、理想的な条件を考えることすら視野の外の発掘作業であった。津波堆積物の検出とは異なる条件下、土地開発が限りなく求められた当時の東京での多数の行政発掘の結果、江戸考古学という分野が成り立つほど、かつての江戸の生活の実態が発掘作業から明らかになった。

同じく考古学といっても、分析対象が自然条件のみによって生み出され、理学的な調査・分析が求められる分野と、人間の社会生活がもたらした残滓を地層の中に求める分野では援用する学的成果の範疇が異なり、同じ考古学といえるのかと思えるほど多様な広がりを持つことが本書の執筆陣容からも推定できる。しかし、津波堆積物を追い求め、その津波起源の時期や規模を探る領域にしても、寺社の棟札から津波や地震襲来後の集落の復興を推定する領域にしても、繰り返す巨大津波の発生間隔などを推定して防災のための情報提供に寄与しようとする点に変わりはない。

東北地方太平洋沖地震による原発事故がもたらした放射能汚染は見通しを建てることもできない深刻な問題を日本社会に突き付けた。地震発生前五四基の原発を抱えていた日本列島は、廃炉と一時停止の原発があるものの、再稼働が着々を進められている現実からは、再び同じような事態を招かないとは言い切れない。過去の地中の痕跡から津波周期を探る考古学が、実は未来を予測する学問であることもまた確かなことである。

（北原糸子
立命館大学歴史都市防災研究所客員研究員）

『季刊考古学』一五四号特集『津波と考古学』目次と梗概

頁	執筆者	タイトル	概要のポイント	地域／論題
14-17	金子浩之	津波災害と考古学	編者の言	
18-21	藤原　治	津波の痕跡と考古学	日本では一九八〇年末地震考古学が提唱され、一九九〇年代に海溝型地震の痕跡として津波堆積学研究が盛んになった。ポイントは河川の洪水での流路跡の堆積と津波堆積の違い。津波の場合には津波の押、引きにより、砂層＋泥層＋砂層が板状に堆積。	静岡県磐田市・宮城県山元町／津波堆積
22-29	平川一臣	私の津波堆積物発見／研究史	三・一一津波で、津波堆積物の調査・研究への認識を迫られた。北海道東部～房総半島沿岸に津波堆積物を残したはずであり、広域的観点で追跡して初めて全貌が明らかになるはず。沖積低地やラグーンは不適切で、河川の影響をできるだけ避けるべき。慶長三陸津波（一六一一）は地殻変動を伴う超巨大地震と推定。	北海道千島海溝起源の巨大地震の追跡過程
30-33	宍倉正展	隆起痕跡が示す過去の地震・津波	地震に伴う海岸段丘上に形成される津波痕跡、海生生物の遺骸（ヤッコカンザシ）による旧汀線の指標。隆起痕跡から推定される地震履歴として、大正関東地震型は二〇〇～四〇〇年、元禄型関東地震は、大正型の数回に一回が元禄型。	房総半島南端隆起海岸；地震履歴
34-38	相原淳一	陸奥国における八六九年貞観津波による被災と復旧	仙台平野における貞観津波の堆積物の検出は一九八六年に始まり（箕浦）、その後山元町水神沼で津波による三層の堆積構造が確認された。沼向遺跡の貞観津波遡上距離を一・七m、最大二・八mと算定して、三・一一津波の四mの津波遡上高には及ばず、『日本三代実録』の記述には文飾・誇張があるとする見解（斎野、二〇一七）を批判。	仙台平野／文献と検出津波痕跡の照合問題

頁	執筆者	タイトル	概要のポイント	地域／論題
39-42	村岸　純	江戸湾の津波・高潮災害	近世～近代にかけて江戸湾を襲った津波、高潮の文献上の紹介。元禄関東地震による江戸湾での液状化、安政東海地震での房総半島館山での津波。隅田川河口町河岸・深川などに津波、さらに高潮被害の記録として、延宝八年（一六八〇）、延享三年（一七四六）、寛政三年（一七九一）、安政三年（一八五六）、大正六年（一九一七）の台風による高潮などの文献紹介。	江戸湾／津波、高潮被害の文献紹介
43-46	片桐昭彦	史料にみる中世の鎌倉の津波災害	中世鎌倉の津波史料として、A／仁治二年（一二四一）『吾妻鑑』、B／正応六年（一二九三）『新玄僧正日記』、C／明応四年（一四九五）『鎌倉大日記』を紹介。Aは地震と同時に高潮に襲われた可能性、Bは死者多数が出たことを記録、相模トラフによる巨大地震と推定。Cはすでに明応四年地震の存在が考古資料からも検出された、確実性が高いとする。	中世鎌倉の巨大地震の史料紹介
47-50	金子浩之	関東地震と津波災害	伊東市域の江戸時代墓石調査から、元禄地震の犠牲者七四〇人判明。伊豆半島沿岸部の寺社棟札調査で明応地震前後（一四九四～一四九八）以降の寺社再建が激増することから、明応地震以降の復興が追跡可能。	伊豆半島沿岸部／寺社棟札調査、伊東市の墓石調査他
51-54	大谷宏治	東海地方沿岸部の遺跡と津波	遠州灘沿岸部の遺跡八カ所のうち、五ケ所で津波堆積物を確認。磐田市元島遺跡では、白鳳（六八四年）、仁和（八八七年）、永長（一〇九六）、明応（一四九八）、慶長（一六〇五）の可能性のある地層を確認。発掘成果の具体的な紹介はない。	遠州灘安濃津～吉原・柏原間の遺跡の津波堆積物
55-58	後藤建一	浜名湖南部の津波被害	浜名湖南部湖西市長谷元島遺跡（潮見バイパス建設に伴う発掘調査）により、古代～中世の遺構を発掘。一三層の地層を確認。このうち、包含遺物から津波堆積物は一六世紀～一七世紀代。地震時期との対応関係から、一八世紀初頭の宝永地震、一七世紀初頭の慶長地震、一五世紀末頃の明応地震の津波に比定される。	浜名湖南部長谷元島遺跡／一六～一七世紀の津波堆積物
59-62	瀬谷今日子	紀伊・熊野の津波災害	一九六〇年代に同志社大学が発掘調査した笠島遺跡では、弥生～古墳時代の生活遺物を多数発掘。二〇一四年宍倉正展等の調査を経て、二〇一六年地質調査を試みた。その結果一六層の地層のうち津波イベント中に拳大円礫が確認され、この津波発生年代について二～四世紀の南海トラフによる地震と推定。半世紀前の詳細な発掘調査の保存が、近年の地質調査成果との比較検証を可能とした事例。	紀伊半島潮岬／笠島遺跡の二～四世紀の南海トラフ地震痕
63-65	岡本桂典	土佐湾岸の津波痕跡と隆起沈降	海域の津波だけではなく「山津波」といわれる現象が、高知県山間部では、宝永地震（東洋町、仁淀川中流）、昭和南海地震（四万十町）においても確認される。仁淀川中流の標高六一m以上の地点一一カ所で宝永七年（一七一〇）の記年ある自然石は、宝永地震で大規模な山の斜面崩壊が発生、決壊した事実を示す「山津波碑」と位置付けられる。	高知県山間部／山津波を記す石碑分布
66-70	豊田徹士	豊後水道沿岸の津波痕跡	大分県佐賀関と愛媛県佐多岬半島の僅か一四kmの「豊予海峡」は、中央構造線の西端であり、九州側から「別府‐島原地溝」が存在し、無数の活断層が密集する地帯。文献調査からは、別府湾岸に津波をもたらし、「瓜生島伝説」を生んだ慶長豊後地震（一五九六）、米水津浦白浦・色利浦（佐伯市）に一〇mの津波をもたらし宝永地震、安政地震（安政元年一一月）の四～五日の続いて七日に豊予海峡を震源とする地震で同地に津波が押し寄せた事実などを紹介。	豊後水道／津波文献紹介
71-75	金子浩之	津波が残したもの	災害伝承・伝説・神話のなかに過去の災害対応を探る一つの方法として、漂着神仏の事例を、相模湾～遠州灘一帯で調査。	相模湾～遠州灘一帯／漂着神仏伝説
76-79	増山順一郎	伊豆下田の津波被害と波除堤	元禄・宝永・安政と江戸時代の三度の巨大地震の被害を受けた下田の記録から、特に安政地震（一八五四）から復興を意味付けた浪除堤修築の意義を文献資料から詳述。	伊豆半島下田／安政地震の被害と復興
80-83	松井一明	防災機構、二つの命山と浅羽大囲堤	延宝八年（一六八〇）八月の台風により遠州海岸で三〇〇名に死者。浅羽三三カ村（磐田市）は浅羽大囲堤により、高潮災害をある程度防げたが、堤外の同笠・中新田村は大きな被害を受け、これを契機に命山を構築。両命山とも、南北三二～三五m、東西二五～二七m、高さ三・四m～三・七mの規模だが、発掘調査の結果、砂丘の砂と粘土の互層による版築であり、頂部に五〇名～一〇〇名の収容が可能であり、いずれも津波対策というよりは、高潮対策として機能した。浅羽大囲堤は、宅地開発、河川改修により失われた。	静岡県磐田市／浅羽大囲堤・命山の防災施設
84-87	寒川　旭	遺跡の地震痕跡と津波堆積物	一九八六年滋賀県高島市北仰西遺跡の発掘現場で噴砂の痕跡を目撃、その後、地層関係から慶長伏見地震（一五九六）で発生した液状化現象を京都、大坂、兵庫など被害の大きかった地域で見出され、一九八八年に「地震考古学」の提唱に至った。南海トラフの巨大地震については、文字記録を裏付ける成果もあるが、文字記録のない古墳時代、あるいは文字の空白を埋める遺跡の地震痕の検出から、地震の確かな履歴を示すことができる。	地震考古学の提唱の経緯と成果

【気になる一冊】

嘉津山 清 著

『御碑銘彫刻師 宮 亀年』

（B5判 七四一頁〈本文四七八頁、図版二三〇ほか〉定価八・五〇〇円＋税、二〇二〇年一一月二〇日、第一書房刊）

『江戸前の石工 窪 世祥』に続いて嘉津山清氏（石造文化財・金石文研究）が、労作二冊目として宮 亀年（碑銘彫刻士）六代の事績を探求、闡明し、その系譜と作品を収めた労著を上梓された。

先に江戸時代後期の窪 世祥の作品を悉皆調査し、かつて隅田川畔に工房を置いて活躍した一石工の全容を明らかにしたが、引き続き、幕末から明治時代にかけて多くの碑に名を残した宮亀年の足跡を執拗に追い求めた一冊である。

「石工宮 亀年は六代続いた石工で、特に幕末から明治維新とその後の社会を色濃く遺す、重要な石彫刻に携わった名工」で「全国に遺品を求めて僅かな資料を参考にしつつ、可能な限り拓本を採らせて戴き、現在亡失の作品も碑文関係の書籍等から探求して、建てられた所在地、碑文の全文を出来る限り掲載することに努め」（著者私信）た著者畢生の労作の一冊である。

巻初に「碑銘彫刻師」について肝要に概括した後、「墓碑から名碑へ」「碑文の歴史概括」について摘要し、主題の「宮 亀年」の系譜を先達「本宮甚兵衛」（初代・元禄～宝暦）に求めて、初代は寛政六年～安政四年頃、二代は文政十一年～明治五年、三代は、弘化二年～大正七年、初代は、四代の本宮甚丘衛と比定する。

ついで、江戸～明治時代の作品について、高さ・幅・厚さの数値、銘文、解説を加えていく。解説は博引旁証で有用、かつ詳しく建碑をめぐる社会の状況をも穿っている。巻末の「作品一覧」は、制作紀年、碑刻銘・彫刻物及施工品、石工銘、撰文・書者・題額揮毫者・建立者、所有者・所在地、現状（存否・拓本のみ保存）と委曲がつくされており、挿入されている拓影、全景写真に著者の採択中の雄姿などに苦心の程が察せられる。

「近代日本の黎明期の貴重な文献であり書道史からの観点でも石碑の価値を今一度再確認しなければならない」と説く著者の思いは「多くの石碑資料が記録保存されることを心から願っ」ているとの言に込められていると言えよう。

石碑は、とかく撰文・著書・制作年月に視点が向けられ、刻師は等閑に付せられることが多いが、石工にも注目することの必要性を提起した本書は貴重な一冊である。

（坂詰秀一）

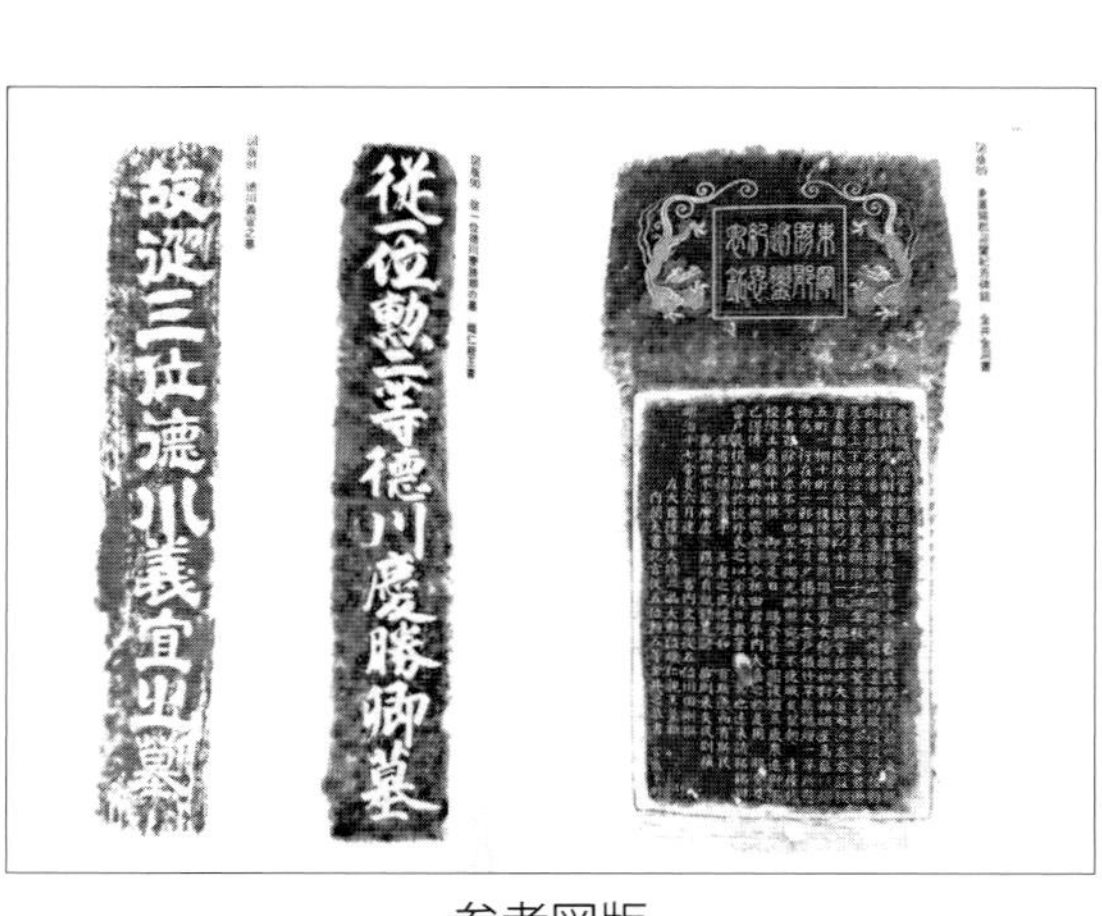

参考図版

関東地方における考古学者撰文古墳関連碑考

増井有真

はじめに

江戸時代における古墳研究の中でも、徳川光圀によって元禄五年（一六九二）に実施された下野国の上侍塚・下侍塚古墳の調査は、日本初の考古学的な発掘調査といわれている。[1] その理由は、発掘の目的・検証の明確化、[2] 出土状況の詳細な記録、画師による出土遺物の図化、記録した遺物を松板製の箱に収めて再び墳丘に埋納するなど、江戸時代以降に古墳の盗掘が横行する中、出土遺物の保護を図った希有な調査であった。[3] また、墳丘の修復及び、墳丘土の崩落を防ぐために松を植樹するなど遺構の保存整備も行われており、文化財保護の歴史においても特質すべきものである。[4] このように保護された侍塚古墳群、とりわけ下侍塚古墳は、「日本一美しい古墳」と称されており、[5] 全国で七番目の大きさを誇る前方後方墳の上侍塚古墳とともに前期古墳の密集地として那須地方の代表的な歴史遺産となっている。

令和三年三月二八日、那須国造碑を祀る栃木県大田原市湯津上の笠石神社で、「日本考古学発祥の地」記念碑の除幕式が行われ、参加する機会を得た。記念碑の建立は、日本考古学史上初の学術的発掘調査の事績顕彰を目的としたもので、記念碑の題字は、水戸徳川家第十五代当主徳川斉正氏の揮毫によるもの、副碑「日本考古学の原点 湯津上の侍塚古墳」は立正大学特別栄誉教授・文学博士の坂詰秀一氏の撰文である。

江戸時代以降、古墳への関心もあいまって古墳に関連する石碑が建立されるようになった。碑文の内容は、古墳の伝承、構造や出土遺物の記録、被葬者の想定、被葬者の供養、盗掘したことに対する供養、発掘の記念、そして古墳保存の重要性を記すものなど多岐にわたっている。特に明治時代以降に建立された碑の多くは、地元住民の保存運動を契機とするものが多い。このような古墳関連碑文に注目した池上悟氏は、日本各地に所在する五七例の碑を集成した上で、建立経緯を明らかにするとともに、学史上の位置づけを試みた。[6] また、埼玉県内の古墳関連碑文を取り上げた大谷徹氏は、池上氏の研究成果に触れ、建碑行為について、①土地に著名な歴史上の人物を被葬者と想定したもの、②出土した遺骸に対する供養のために建てられたもの、③古墳に纏わる口碑伝承を記したもの、④出土遺物等の由来を後世へ伝承することを意図したもの、⑤古墳の保存を目的として建てられたもの、に大別し、碑文の内容の分析により、様々な要因があることを指摘した。[7] さらに群馬県内の古墳関連碑の各例を確認した吉澤学氏は、群馬県内の碑文の多くは、発掘記録的なものが多く、その要因は大半が明治時代以降の時期的要因によるものであるとし、文化財保護の歴史の黎明期の産物であると評価している。[8] また、平成三一年には、甲斐風土記の丘・曽根丘陵公園内の丸山塚古墳にある「郷民擁護碑」及び「丸山之碑」が文化財保護の精神を今に伝える歴史資料として山梨県指定有形文化財（歴史資料）に指定され、野代恵子・北原糸子両氏によって、江戸時代末の先駆的文化財保護の精神が、明治時代末に至るまで地域に伝えられた経緯が紹介されている(9)。このように平成三一年に施行された文化財保護法の改正により、古墳関連碑そのものを歴史資料として捉え、保存と活用を図る取り組みもある。

先行研究が示すように、明治時代における古墳関連碑の撰文は、考古学者によるものが大半を占めており、その様相は各時代の文化財保護の一端を示すものとして等閑視できない史料である。一方で、これらの碑は、碑文内容とその背景が注目されてきたものの、考古学の対象とするモノとして資料化されていないのが現状である。碑そのものを石造文化財として捉えることは、日本に科学的な体系として導入された考古学の学史を伝える貴重な資料を保存・活用する上で重要であると考えられる。そこで本稿では、関東地方において明治時代以降に考古学者が撰文した古墳関連碑の資料化(10)（実測）を図るとともに、観光考古学の観点から、文化財としての碑を紹介し、文化財保護法改正後の令和における新しい古墳碑建立の意義について若干の考察を試みたい。

一　古墳関連碑の概要

関東地方における明治時代以降に考古学者が撰文した古墳関連碑は、管見で一二例であった。地域別にみると茨城県二例、栃木県二例、群馬県三例、埼玉県三例、千葉県一例、近県の山梨県一例である（図1・表1）。

（1）茨城県

No.	西暦	和暦	所在地	碑　題	碑身規模（最大）（高×幅×厚）cm	撰文者
①	1900	明治 33	茨城県石岡市瓦谷 2339	兜塚古墳	170 × 166 × 46	坪井正五郎
②	1917	大正 6	茨城県鉾田市青柳 1034	古墳遺蹟之碑	198 × 99 × 18	栗田　勤
③	1936	昭和 11	栃木県足利市西宮町 3889	織姫山丁字形古墳跡	110 × 85 × ―	丸山瓦全か
④	2021	令和 3	栃木県大田原市湯津上 429	日本考古学の原点　湯津上の侍塚古墳	148 × 176 × 25	坂詰秀一
⑤	1898	明治 31	群馬県豊岡市南後箇	茶臼山古墳	186 × 108 × 18	坪井正五郎
⑥	1935	昭和 10	群馬県藤岡市白石	稲荷山古墳碑	401 × 155 × 27	後藤守一
⑦	1935	昭和 10	群馬県玉村町角渕	軍配山古墳碑	254 × 90 × 14	後藤守一
⑧	1940	昭和 15	埼玉県行田市埼玉	埼玉村古墳群	140 × 81 × 17	柴田常恵
⑨	1945	昭和 20	埼玉県朝霞市岡 3 丁目	一夜塚古墳阯	165 × 76 × 8	稲村坦元
⑩	1945	昭和 20	埼玉県朝霞市岡 2 丁目	一夜塚供養塔	116 × 113 × 113	稲村坦元
⑪	1900	明治 33	千葉県柏市鷲野谷字北ノ内	古墳之碑	135 × 88 × 18	坪井正五郎
⑫	1908	明治 41	山梨県甲府市下曽根町字山本	丸山之碑	181 × 109 × 25	坪井正五郎

表1　古墳関連碑一覧

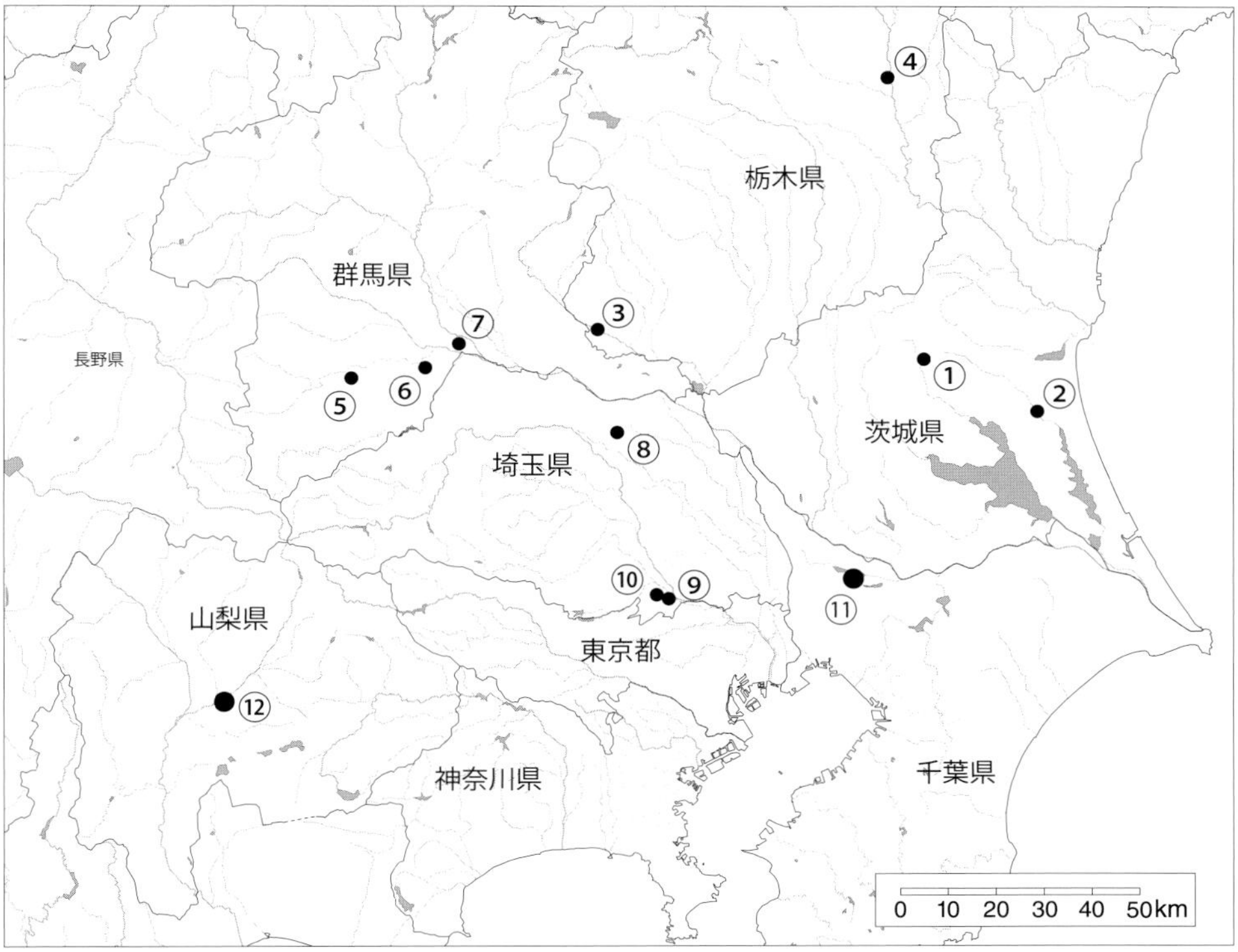

図1　古墳関連碑分布図

① 「兜塚古墳」碑　（茨城県石岡市瓦谷一三三九）（図2・3）

兜塚古墳は、明治三一年（一八九八）に野中完一によって発掘された古墳である。[12] 報告によれば、主体部は前・中・奥室からなる三室の横穴式石室で、奥室に一体、中室に二体の被葬者が検出されている。副葬品は、刀や鏃の武器、馬具、金環、玉類、銅椀などが出土している。築造年代は、七世紀中葉と想定され、東京国立博物館が所蔵する瓦谷村出土の出土資料は、兜塚古墳出土資料といわれている。[13] 墳丘はすでに滅失しているが、明治三三年に建立された坪井正五郎撰文、大野雲外書による碑が現在個人所有地の一角に建てられている。

坪井正五郎（一八六三〜一九一三）は、江戸の両国に徳川幕府の奥医師坪井信良の子として生まれた。一月（正月）五日に生まれたことから正五郎と命名されたという。明治一九年（一八八六）に帝国大学理科大学動物学科を卒業、大学院に進学し人類学を専攻する。同年には、『人類学会報告』第一号を刊行している。修了後は、三年間イギリスに留学し、一九八二年一〇月に帰国、帝国大学理科大学教授となる。専攻は人類学であったが、当時の考古学は「人類学の中の考古学」として認識されていた一面があり、日本初の人類学者として著名であるとともに、考古学の普及と確立に尽力した。アイヌ民族の伝承に出てくるコロボックル（「蕗の葉の下の人」の意とされる小人）に関する論争に加わり、日本の石器時代人をコロボックルと主張し、人種交代説を唱えたことでも知られている。

碑身の大きさは最大高一七〇㎝、最大幅一六六㎝、最大厚約四六㎝である。不定形な石材を用いているためか、碑文を記すために一段掘り下げられた面が正の方形をなさず、右上、左上が欠けているのが印象的である。碑文を最大限に記せるよう工夫した結果と考えられ、初字の「兜」の字は傾斜した面に彫られている。「兜塚古墳」の題字は、幅五三㎝、高さ一四㎝の額に篆書体で陽刻されており、額内は文字を引き立たせるために粗面加工を施している。なお、「兜塚古墳」碑は、平成一二年に「兜塚古墳調

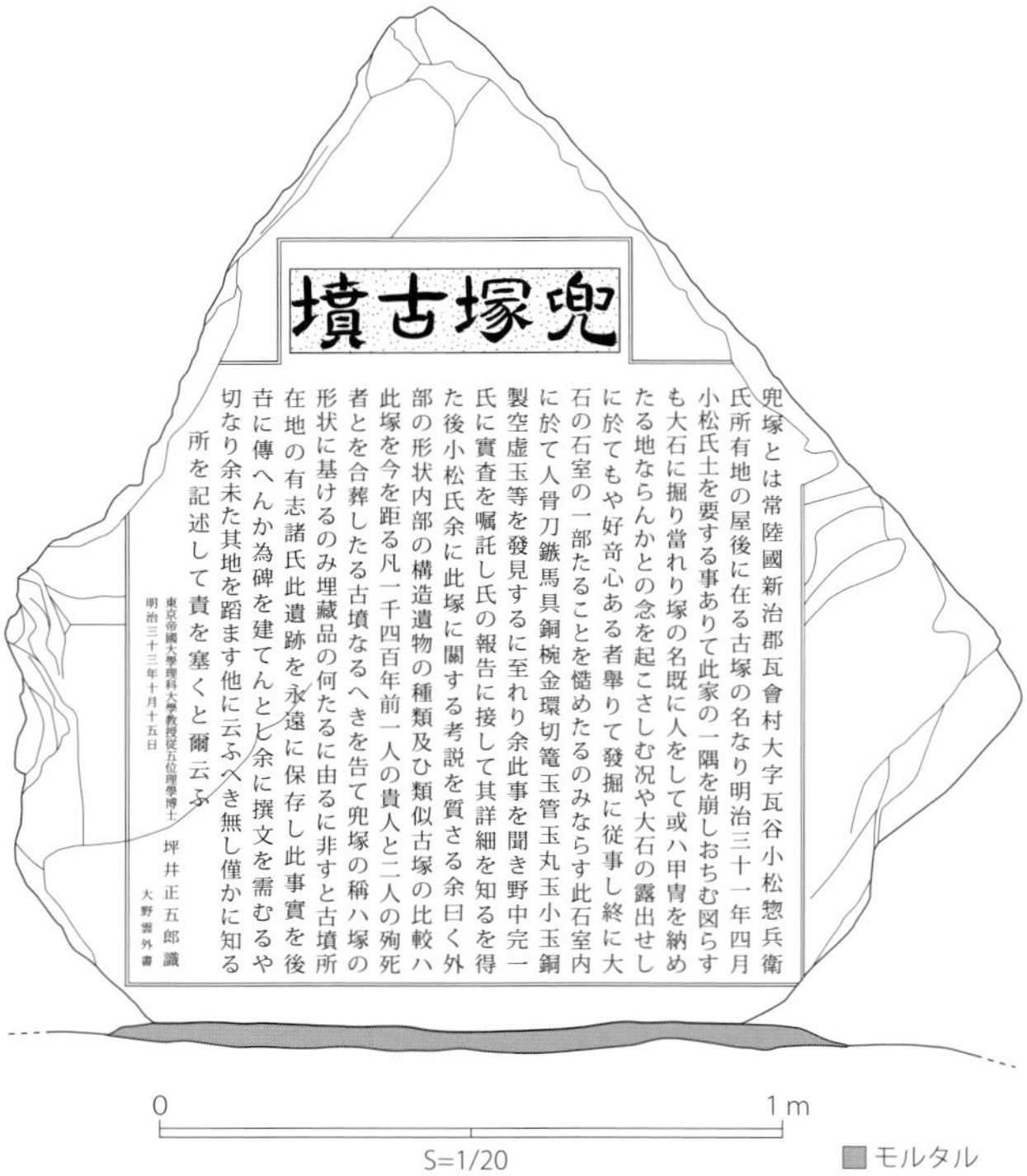

図２　「兜塚古墳」碑　実測図

図３　「兜塚古墳」碑

査記念碑」として石岡市の有形文化財（工芸品）に指定されている。
碑文の内容は、石室発見の経緯、発掘者、出土遺物、埋葬の様相、被葬者の性格、古墳の年代、遺跡の保存等についてである。

【碑文】

碑兜塚とは常陸國新治郡瓦會村大字瓦谷小松惣兵衛
氏所有地の屋後に在る古塚の名なり明治三十一年四月
小松氏土を要する事ありて此家の一隅を崩しおちむ図らす
も大石に掘り當れり塚の名既に人をして或ハ甲冑を納め
たる地ならんかとの念を起こさしむ況や大石の露出せし
に於てもや好奇心ある者舉りて發掘に従事し終に大
石の石室の一部たることを悟めたるのみならす此石室内
に於て人骨刀鏃馬具銅椀金環切篭玉管玉丸玉小玉銅
製空虚玉等を發見するに至れり余此事を聞き野中完一
氏に實査を嘱託し氏の報告に接して其詳細を知るを得
た後小松氏余に此塚に關する考説を質さる余曰く外
部の形状内部の構造遺物の種類及ひ類似古塚の比較ハ
此塚を今を距る凡一千四百年前一人の貴人と二人の殉死
者とを合葬したる古墳なるへきを告て兜塚の稱ハ塚の
形状に基けるのみ埋藏品の何たるに由るに非すと古墳所
在地の有志諸氏此遺跡を永遠に保存し此事實を後
古に傳へんか為碑を建てんとし余に撰文を需むるや
切なり余未た其地を蹈ます他に云ふへき無し僅かに知る
　所を記述して責を塞くと爾云ふ
東京帝國大學理科大學教授従五位理學博士　坪井正五郎識
明治三十三年十月十五日　大野雲外書

② 「古墳遺蹟之碑」（茨城県鉾田市青柳一〇三四）（図6・7）

不二内古墳群は、巴川に突出する低丘上に展開する古墳群で、現在は一号墳の前方後円墳（現存長約一四m）と、二号墳の円墳（直径一六m）のみが現存するが、かつては前方後円墳二基と円墳六基があったとされる⑭。碑文によれば、秋津村の長峯次郎助が、明治二二年（一八八九）に、住宅の近くで埴輪四体を発見し、それを見た坪井正五郎が、考古学の好資料として東京帝国大学に持ち帰り⑮、その埴輪は後に明治天皇桃山御陵に副葬するために作成する埴輪の参考に用いられたという。そして同じ頃に長峯次郎助の長男五郎兵衛が、碑を建てるために、栗田勤に撰文を依頼している。

図4　伏見桃山御陵鎮護の埴輪 絵葉書

図5　埴輪　武装男子

栗田勤（一八五七～一九三〇）は、明治から大正にかけて活動した歴史学者・漢学者である。家塾輔仁学舎に学び、後に塾頭として教育にも尽力した。栗田寛の兄の子として出生し、後に寛の養子となり、父の事業であった『大日本史』「志」「表」の編纂・校訂を継ぎ、明治三九年（一九〇六）にこれを完成させた⑯。

なお、当古墳から出土した埴輪を参考に造られた明治天皇桃山御陵に副葬された埴輪の模造品一体が地主の長峯宅に送られたという。この御陵築造の記録には、武将の古代型埴輪四体を四隅に配したことが窺え⑰、当時はこの武将埴輪が絵葉書（図4・筆者所有）等にもなり、広く知られていた。長峯次郎助が寄贈した埴輪のうち、「武装男子」埴輪（六世紀）は、東京国立博物館に収蔵されている⑱（総高九三・一cm、図5）。また、「ひざまづく男子像」埴輪（東京大学総合研究博物館蔵）は、昭和三三年（一九五八）に国の重要文化財に指定されている。

古墳遺蹟之碑は安山岩（根府川石）の板石で造られ、碑身の大きさは最大高一九八cm、最大幅九九cm、最大厚約一八cmである。

碑の頂部は鈍角の三角形をなし、一段掘り下げられた碑文面以外は、均一的な水平の刻みが施されている。碑文面は上方の両端のみ隅丸に加工され、枠外に「小川町金原照美刻」を刻む。碑題は、二重の長方形の線枠で造られた額内に楷書体により二段で陽刻されている。

碑文の内容は、遺物発見者、遺物の鑑定者、遺物の扱いについての説明、碑の造立経緯、遺跡の調査、遺跡の性格と古墳の位置づけについての考察、遺跡の保存について触れられている。

【碑文】

茨城縣行方郡秋津村青柳の人長峯次郎助翁以丹し明治二十二年の春其住宅のほとり与里土偶四體と土器乃破片若干とを掘出せ利理學博士坪井正五郎氏等来り見て是れみ那古墳の埴輪にして考古学の好資料なりといへり後に之を東京帝國大学理科大学及帝室博物館に献納せ里聞く所によれは加しこ久毛桃山御陵鎮護の土偶を作らせらるゝに当りて許の埴輪をその参考に供せられしといふ此頃翁の長男五郎兵衛

図６　「古墳遺蹟之碑」

氏余の廬を訪ひ記念能為丹碑を立てんとて其文を請ふ余一
日乞の地に就きて之を調査寿るに西北わ稍高く東南ハ水田
を隔てゝ鹿島郡当間鳥栖等の地に對々し頗る景勝に富めり
風土記和名抄等を按ずるにこの地古への荒原郷に属し当間
ハ即ち本郡の嘗麻郷なり此日本武尊の経歴し給へる遺跡に
志ては屋くよ里開けたる地な礼里此古墳は上代貴族の墳墓
なる事明かなり翁等父子こゝに碑を立てゝ之を傳へ永く崇
家の誠を尽さむとせらるゝは寔に美挙といふべし故に請ハ
るゝまゝにそのあらましを記して後人に告く
大正六年丁巳仲秋　　水戸　　栗田勤撰文并書
小川町金原照美刻

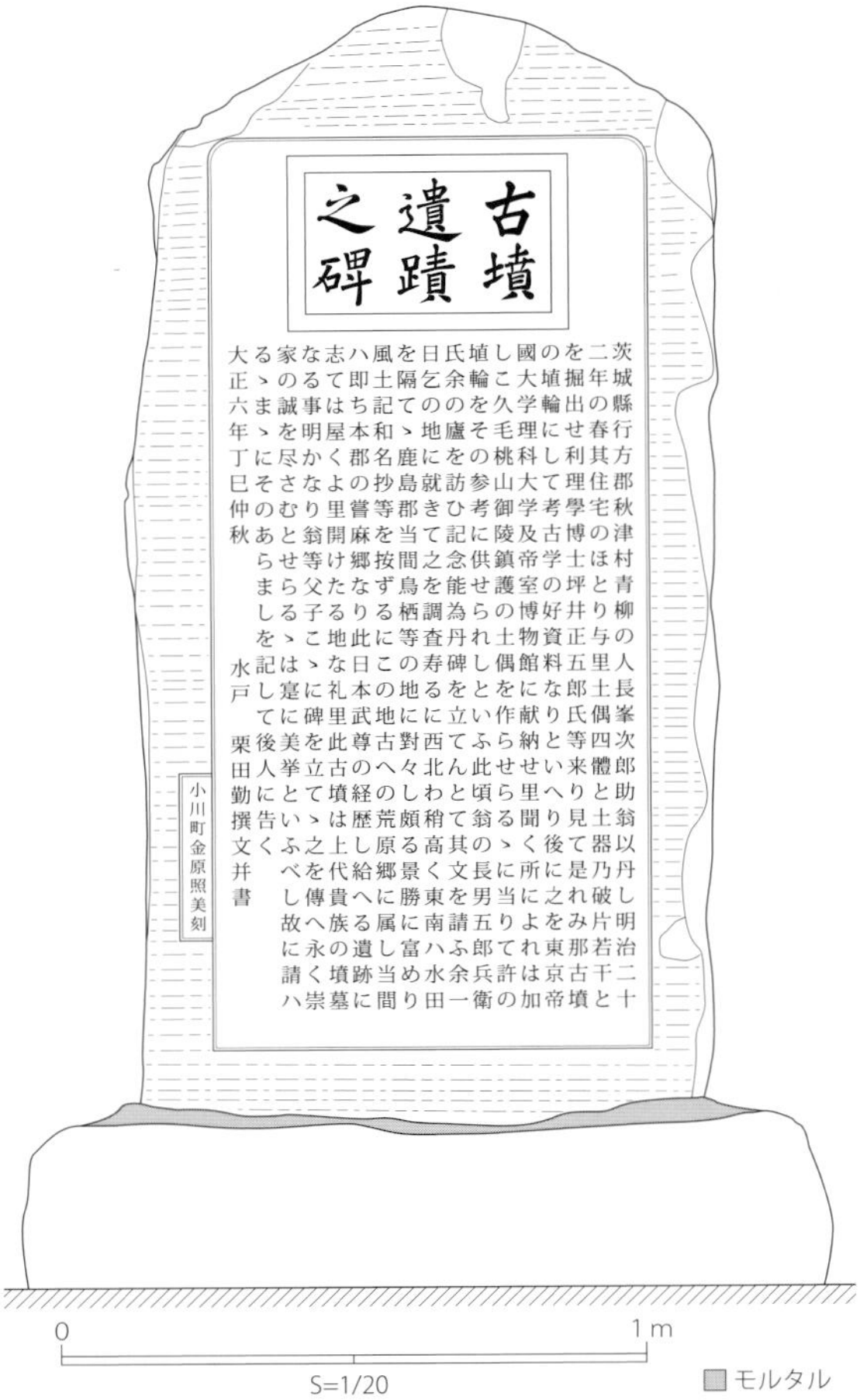

図７　「古墳遺蹟之碑」実測図

図８　「古墳遺蹟之碑」遠景

（2）栃木県

③「織姫山丁字形古墳跡」碑（栃木県足利市西宮町三八八九）（図13・14）

足利織姫神社のある機神山を中心に所在する機神古墳群は、山頂を利用した前方後円墳である機神山山頂古墳（六世紀後半・全長約三六m、図9）をはじめとする古墳で構成され、織姫山丁字形古墳もその一つに数えられる。古墳は、昭和一一年（一九三六）の織姫神社の石垣築造工事中に偶然発見され、内藤政光と森貞成が主体となって調査にあたり、翌一二年に後藤守一も含めた三名の連名により報告書が刊行されている。[19] 検出された「丁字形」の横穴式石室は、横に長い玄室に対し、羨道が直角に付設されるもので、現在は主に「T字形」と呼ばれる特徴的な主体部構造である。

工事により主体部のほとんどは埋没したが、石室の一部と思われる材が石垣直下に残っている（図11）。

碑は、「足利市織姫神社」の解説看板の後方にあり（図10）、前面に植樹があるため気付きにくいが、石室が発見された場所の石垣に埋め込まれている。碑身の大きさは最大高一一〇cm、最大幅八五cmである。碑文は僅かに一段掘り下げられた高さ七五cm、幅四五cmの範囲に刻まれている。

碑文には、発見の経緯のほか、主体部の特徴として石室底面の小割石の上に白色小砂を敷いていること、被葬者が二体検出されたこと、副葬品として金鐶銅鐶、大刀身、鉄鏃が出土し、封土中から埴輪を発見したことなどが記されている。また、工事の関係上、一部は石垣の下に埋め、発見の概要の記録をもって、後日の参考とすると記されている。

碑の撰文者については、碑文に掲載されていないものの、栃木県の考古学の先駆者である丸山瓦全（一八七四～一九五一）と想定されている。[20] 丸山瓦全は、足利市に生まれ、幼名を太一郎、後に源八を襲名し、瓦全と号

図9　機神山山頂古墳

図11　「織姫山丁字形古墳跡」碑下の石材

図10　足利織姫神社看板と「織姫山丁字形古墳跡」碑

図12　史跡足利学校跡

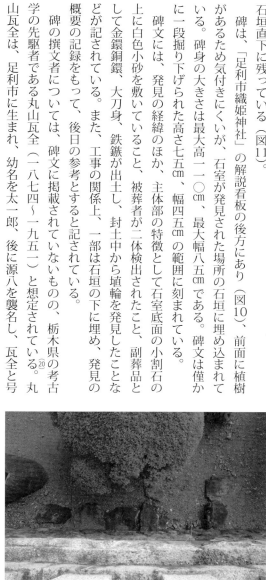

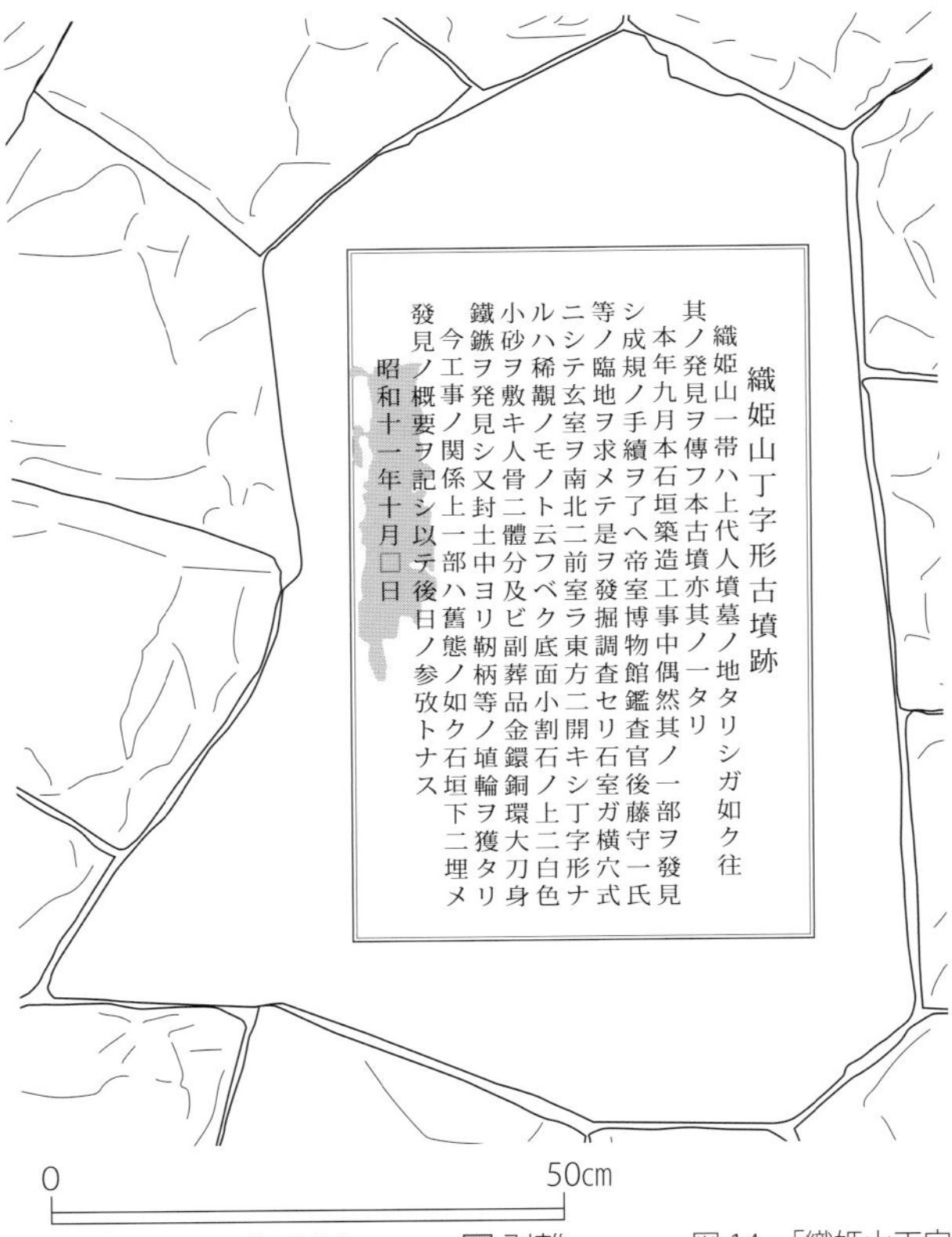

図13 「織姫山丁字形古墳跡」碑

図14 「織姫山丁字形古墳跡」碑　実測図

した。考古学を志し、明治四一（一九〇八）年に考古学会（現「日本考古学会」）に入会し、足利考古学会の中心としても活躍した。丸山は、栃木県史蹟名称天然記念物調査委員として、県内の文化財の保護にも尽力し、佐野市龍江院所蔵のエラスムス像（現在、国宝）発見によるオランダへの流出防止は広く知られている。また、史跡足利学校跡（図12）の保存や、塩谷町佐貫石仏・宇都宮市大谷磨崖仏などの国指定にも尽力している。[21]

【碑文】

織姫山丁字形古墳跡

織姫山一帯ハ上代人墳墓ノ地タリシガ如ク往
其ノ発見ヲ傳フ本古墳亦其ノ一タリ
本年九月本石垣築造工事中偶然其ノ一部ヲ發見
シ成規ノ手續ヲ了ヘ帝室博物館鑑査官後藤守一氏
等ノ臨地ヲ求メテ是ヲ發掘調査セリ石室ガ横穴式
ニシテ玄室ヲ南北ニ前室ヲ東方ニ開キシ丁字形ナ
ルハ稀覯ノモノト云フベク底面小割石ノ上ニ白色
小砂ヲ敷キ人骨二體分及ビ副葬品金鐶銅環大刀身
鐵鏃ヲ発見シ又封土中ヨリ靭柄等ノ埴輪ヲ獲タリ
今工事ノ関係上一部ハ舊態ノ如ク石垣下ニ埋メ
發見ノ概要ヲ記シ以テ後日ノ参攷トナス

昭和十一年十月□日

④「日本考古学の原点　湯津上の侍塚古墳」碑

（栃木県大田原市湯津上四三九　笠石神社境内）（図17・18）

侍塚古墳は、先述したように徳川光圀によって日本初の考古学的な発掘調査が実施された古墳として著名である。この調査は現在笠石神社に祀られている那須国造碑の碑主を求めて、碑の周辺を調査したものの解明に至らなかったため、付近にあった上・下侍塚古墳の調査を実施したものであった。碑主との関連を裏付ける墓誌などは発見されなかったが、この際の調査方法と遺物・遺構の保存手法が西洋流の考古学の特性と一致していることから、日本の考古学史上において重要な事例として知られている。[22]

侍塚古墳は那珂川右岸の段丘上に立地し、上侍塚・下侍塚古墳の二基がある。両古墳は、いずれも葺石が施された四世紀後半築造と想定される前方後方墳で、「侍塚古墳」として昭和二六年に国の史跡に指定されている。

上侍塚古墳の墳丘規模は、栃木県内の前方後方墳では足利市の藤本観音山古墳に次ぐ二位、全国でも七位の大きさを誇り、全長一一四m、後方部長六〇・五m、後方部幅五八m、後方部高一一・五mである。後方部墳頂の中央には、徳川光圀による発掘調査の痕跡が今でも確認できる。遺物は、鏡、石釧、管玉、鉄鏃、鉄鉾身、鎧破片、鉄刀身破片、高坏が出土している。[23]

図15　史跡　下侍塚古墳

図16　史跡下侍塚古墳の史跡指定碑

下侍塚古墳は上侍塚古墳の北方約八〇〇mに位置する。墳丘の規模は、全長八四m、後方部長四八m、後方部幅四八m、後方部高九・四mで、上侍塚古墳と同様に発掘の痕跡が凹みとして認められる。遺物は、鏡、鉄斧、太刀柄頭、鉄刀身破片、鐙破片、高坏、壺が出土している（図15）。

なお、下侍古墳の北側には、前方後円墳（一号墳）、方墳（八号墳）、円墳（二～七号墳）で構成される侍塚古墳群が展開している。かつては、一〇基程度存在していたというが、戦後の開墾等によって湮滅したとされている。一号墳は、六世紀後半の前方後円墳と推定されており、墳丘の全長は推定で五〇m、主体部は明らかになっていない。笠石神社には、本古墳から出土したと伝わる円筒埴輪片が鞘堂に安置されている。[24]五号墳は六世紀代、八号墳は、下侍塚古墳に近い年代と想定されている。

下侍塚古墳の北北西約一kmには、徳川光圀の命により元禄五年（一六九二）に那須国造碑を納める国造碑堂が建立され、現在は同碑を祀る笠石神社（図19）が位置する。なお、那須国造碑は、碑文を刻まれた石碑のうえに笠状の石が載せられていることから「笠石」とも呼ばれており、神社名の由来となっている。那須国造碑は、那須国造で評督に任ぜられた那須直韋提の事績を息子の意志麻呂らが顕彰するために、西暦七〇〇年に建碑したものである。六朝の書体を残す古碑として、書道上の観点から日本三大古碑（那須国造碑・多胡碑・多賀城碑）の一つに数えられ、昭和二七年には国宝に指定された。碑身と笠石は花崗岩で、笠石を含む総高は一四八cm、碑文は全文八行、一九字詰め、一五二字で記されている[25]（図20）。

「日本考古学の原点　湯津上の侍塚古墳」碑は、この笠石神社の境内に、「日本考古学発祥の地」碑[26]（図21）とともに、徳川光圀による侍塚古墳発掘三三〇年を記念して建碑されたもので、令和三年三月二八日に那須国古代ロマンプロジェクト実行委員会の主催で記念碑除幕式が開催された。式では、水戸徳川家第十五代当主徳川斉正氏をはじめとする多くの関係者が参加し、笠石神社の伊藤克夫宮司による神事が執り行われ、立正大学特別栄誉教授・文学博士の坂詰秀一氏による副碑の撰文に寄せた説明等があった。説明で特に印象深いのは、侍塚古墳の発掘が、大森貝塚の発掘を遡る一八五年も以前のことであり、世界における考古学の発掘史上に燦然として位置づけられるとした事である。(27)

碑文には、地域の歴史的な特徴、発掘者、遺物と遺構の保存方法、調

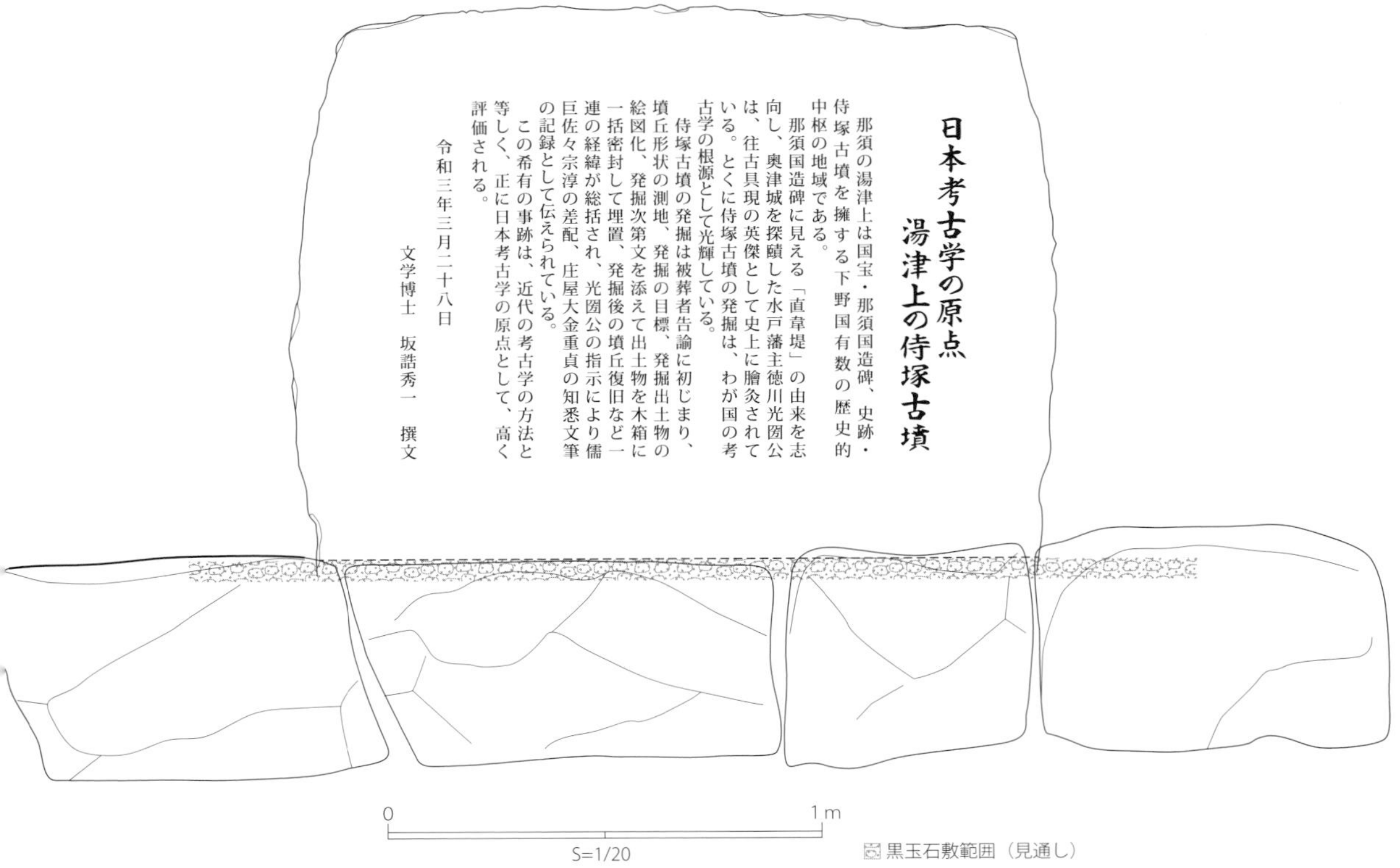

日本考古学の原点
湯津上の侍塚古墳
那須の湯津上は国宝・那須国造碑、史跡・侍塚古墳を擁する下野国有数の歴史的中枢の地域である。
那須国造碑に見える「直韋提」の由来を志向し、奥津城を探賾した水戸藩主徳川光圀公は、往古具現の英傑として史上に膾炙されている。とくに侍塚古墳の発掘は、わが国の考古学の根源として光輝している。
侍塚古墳の発掘は被葬者告論に初じまり、墳丘形状の測地、発掘の目標、発掘出土物の絵図化、発掘次第文を添えて出土物を木箱に一括密封して埋置、発掘後の墳丘復旧など一連の経緯が総括され、光圀公の指示により儒巨佐々宗淳の差配、庄屋大金重貞の知悉文筆の記録として伝えられている。
この希有の事跡は、近代の考古学の方法と等しく、正に日本考古学の原点として、高く評価される。
令和三年三月二十八日
文学博士　坂詰秀一　撰文
0
1m
S=1/20
黒玉石敷範囲（見通し）

図 17 「日本考古学の原点 湯津上の侍塚古墳」碑　実測図

図 18 「日本考古学の原点 湯津上の侍塚古墳」碑

査の記録方法、発掘調査の考古学史上の意義などが記されている。
碑の石材は、芦野石で、碑身の大きさは最大高一四八㎝、最大幅一七六㎝、最大厚約二五㎝であり、片田の花崗岩の縁石の上に建てられている。碑文の題字は、楷書体により縦書き二段にで陰刻され、題字と碑文の文字は黒色塗で仕上げている[28](図22)。

【碑文】

那須の湯津上は国宝・那須国造碑、史跡・侍塚古墳を擁する下野国有数の歴史的中枢の地域である。

那須国造碑に見える「直韋提」の由来を志向し、奥津城を探頤した水戸藩主徳川光圀公は、往古具現の英傑として史上に膾炙されている。とくに侍塚古墳の発掘は、わが国の考古学の根源として光輝している。

侍塚古墳の発掘は被葬者告諭に初じまり、墳丘形状の測地、発掘の目標、発掘出土物の絵図化、発掘次第文を添えて出土物を木箱に一括密封して埋置、発掘後の墳丘復旧など一連の経緯が総括され、光圀公の指示により儒巨佐々宗淳の差配、庄屋大金重貞の知悉文筆の記録として伝えられている。

この希有の事跡は、近代の考古学の方法と等しく、正に日本考古学の原点として、高く評価される。

令和三年三月二十八日

文学博士　坂詰秀一　撰文

図19　笠石神社

図20　国宝　那須国造碑

図21 「日本考古学発祥の地」碑と「日本考古学の原点 湯津上の侍塚古墳」碑　(左：坂詰秀一博士、右：徳川斉正氏)

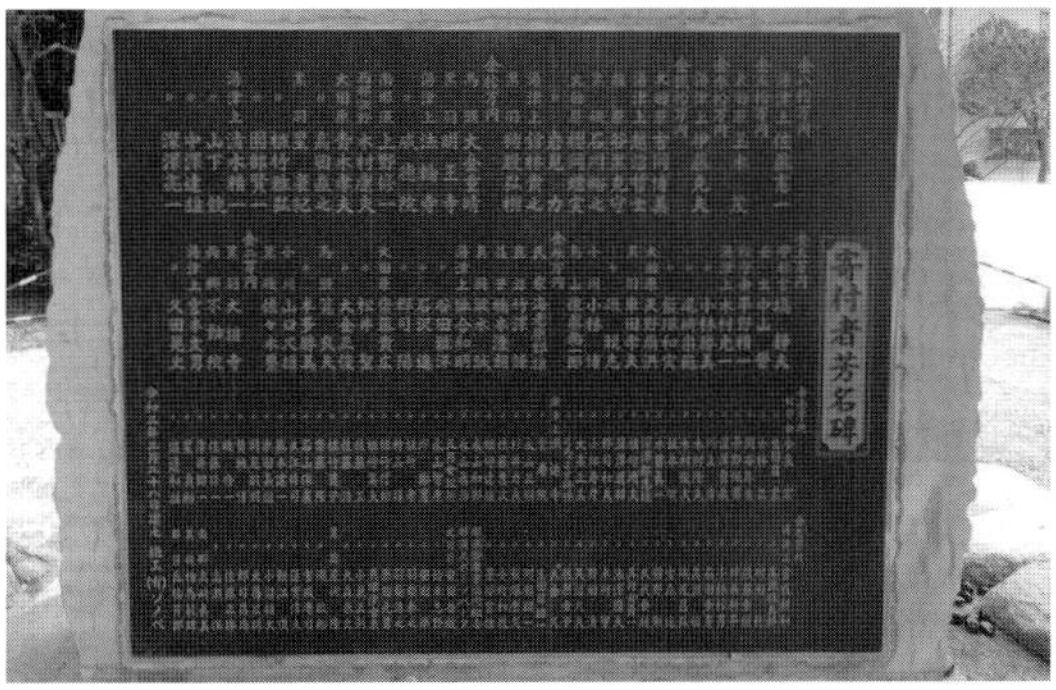

図22 「日本考古学の原点 湯津上の侍塚古墳」碑　裏面

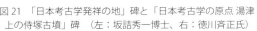

（3）群馬県

⑤「茶臼山古墳」碑（群馬県豊岡市南後箇）（図23・24）

北山茶臼山古墳（富岡市茶臼山古墳）は、利根川水系である鏑川沿いの北山山頂に立地する。現在、富岡市の指定史跡になっており、山頂までの道は富岡市教育委員会の設定する「中高瀬観音山遺跡周辺離山弥生の丘散策コース」・「ふれあいの道（高瀬・額部コース）」となっており、古墳へ至る道はハイキングコースになっている。

古墳は、四世紀後半に造られた粘土槨の主体部を持つ直径約四〇ｍの円墳と想定されている[29]。北関東地域でも古い時期の築造であり、出土遺物等から被葬者と大和朝廷との関連が注目されている[30]。

碑文には、明治二七年（一八九四）に三人の地域住民が山頂で偶然に遺物を発見し、貴重な場所であることが明らかになったという発見の経緯が記されている。また、遺物は、鏡、石釧、曲玉、管玉、刀剣、鉄鏃、土器片、円筒埴輪片などが出土し、このうち、鏡[31]（三角縁神人竜虎画像鏡）、石輪（石釧）は宮内省諸陵寮の御用品となり、その他の一部は、東京帝国大学人類学教室へ献納されたとされる[32]。このほか、被葬者の想定、古墳の推定年代、記念碑の建立契機、撰文の理由が記載されている。

碑の石材は、牛伏砂岩と想定されており[33]、碑身の大きさは最大高一八六㎝、最大幅一〇八㎝、最大厚約一八㎝である。碑文は高さ一四一㎝、幅七七㎝の枠線の中に陰刻で記され、枠外の左下に鐫刻者の「廣群鶴刻」の文字が刻まれている。

題字は陽刻の篆書で、字の周りは長方形の枠内を粗く仕上げて調整しており、周りに一重の枠線が廻っている。茨城県の「兜塚古墳」碑と同じく、撰文は坪井正五郎、書は大野雲外による。

碑の裏面には、「賛成者」、「世話人」、「首唱者」、「大世話人」がそれぞれ記され、合わせて一一四名の氏名が刻まれている。

【碑文】

上野國北甘楽郡額部村大字南後箇村字北山に茶臼山と稱ふる古塚有り往昔より靈
地として人々之を尊み来れるも其何の故たるを詳にせざりしが明治二十七年三月三十一日該里人
澤田茂市岡田近吉澤田藤作の三氏偶ま此地を掘りて諸種の古物を獲たるに由り初めて貴重
品を埋め置きたる所なるを明かにせり發見品中古鏡一面と石輪一個とは宮内省諸陵寮の御用品
となり他ハ悉皆沢田吉五郎氏の有に帰せり其品目を挙ぐれバ曲玉管玉石輪刀鏃土器破片埴
輪円筒破片等にして澤田氏は頃日其一部を東京帝國大學人類學教室へ献納せられたり今
此等發見物の性質と其發見地の状態とを併せ考ふるに此古塚は正しく高貴の人の墳墓にして
其造営の時代は今を距る千数百年前と推測せらる此所に葬られたる者の誰たるやに至りては容易に
考定すべきに非ず茶臼山の称の如きは塚の形状より出でたるの如し古墳を呼ぶに此名を以てする
事其例に乏しからず決して研究の端緒とは認む可からざるなり今や此地方の同志諸氏相議して古物
發見の事を後に傳へんが為碑を建てんと余をして其文を撰ばしむ余未だ精査を遂げたるに
阿らずと雖も此挙を賛するが故に喜びて之を諾し諸氏に代りて事実を述べ且つ少しく思
ふ所を附記する事爾り

明治三十一年三月　東京帝国大學理科大學教授　坪井正五郎撰　大野雲外書

廣群鶴刻

図 24　「茶臼山古墳」碑

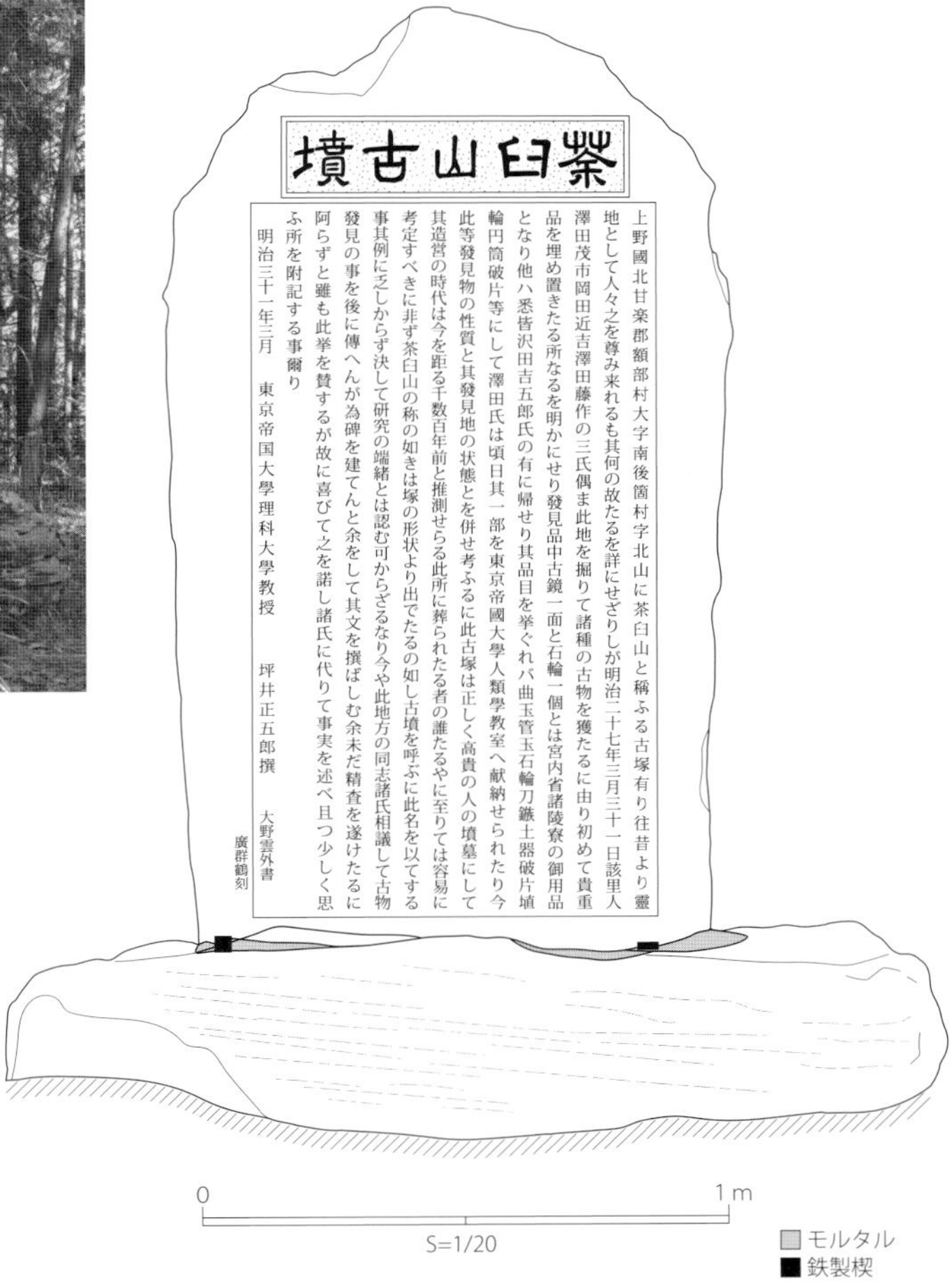

茶臼山古墳
上野國北甘楽郡額部村大字南後箇村字北山に茶臼山と稱ふる古塚有り往昔より靈
地として人々之を尊み来れるも其何の故たるを詳にせざりしが明治二十七年三月三十一日該里人
澤田茂市岡田近吉澤田藤作の三氏偶ま此地を掘りて諸種の古物を獲たるに由り初めて貴重
品を埋め置きたる所なるを明かにせり發見品中古鏡一面と石輪一個とは宮内省諸陵寮の御用品
となり他ハ悉皆沢田吉五郎氏の有に帰せり其品目を挙ぐれバ曲玉管玉石輪刀鏃土器破片埴
輪円筒破片等にして澤田氏は頃日其一部を東京帝國大學人類學教室へ献納せられたり今
此等發見物の性質と其發見地の状態とを併せ考ふるに此古塚は正しく高貴の人の墳墓にして
其造営の時代は今を距る千数百年前と推測せらる此所に葬られたる者の誰たるやに至りては容易に
考定すべきに非ず茶臼山の称の如きは塚の形状より出でたるの如し古墳を呼ぶに此名を以てする
事其例に乏しからず決して研究の端緒とは認む可からざるなり今や此地方の同志諸氏相議して古物
發見の事を後に傳へんが為碑を建てんと余をして其文を撰ばしむ余未だ精査を遂けたるに
阿らずと雖も此挙を賛するが故に喜びて之を諾し諸氏に代りて事実を述べ且つ少しく思
ふ所を附記する事爾り
明治三十一年三月　東京帝国大學理科大學教授　坪井正五郎撰　大野雲外書
廣群鶴刻
0
1m
S=1/20
モルタル
鉄製楔

図 23　「茶臼山古墳」碑　実測図

図 26　北山茶臼山古墳墳丘頂

図 25　北山茶臼山古墳

⑥「稲荷山古墳碑」（群馬県藤岡市白石）（図31・32）

五世紀前半に築造された白石稲荷山古墳は、鮎川左岸の上位段丘面の東端に立地する。全長一五五m、後円部径九〇m、後円部高一三・五mの三段築成による前方後円墳（図27）で、昭和八年（一九三三）に、後藤守一らによって調査が行われた。その後、昭和六〇・六一年に藤岡市教育委員会により範囲確認調査が実施され、平成三〇年から令和元年にかけては非破壊調査が行われている[34]。平成五年に国の史跡に指定され、平成二一年には、同古墳の北に位置する十二天塚古墳・十二天塚北古墳が史跡に追加指定されている。

昭和八年の調査では、墳頂部で竪穴式礫槨の主体部が二基検出され、鏡、直刀、石枕・刀子・下駄などの石製模造品が出土しており、さらに主体部の上からは家形埴輪や短甲形埴輪が確認された。出土遺物は、一括して帝室博物館蔵となり、現在は東京国立博物館に収蔵されている。

図27　稲荷山古墳後円部遠景

図28　稲荷山古墳後円部墳頂

碑文には、昭和八年に開墾に伴って後円部の一部が掘削されたことを契機に、帝室博物館、群馬県史蹟名勝天然紀念物調査会が協力し、地元住民の援助のもとに発掘調査を行った経緯が記されている。この調査時点では、葺石を伴う二段築成の前方後円墳と想定されており、続いて主体部の特徴と出土遺物、被葬者の特徴と性格について触れ、遺跡の規模、出土品の特徴をもって「本古墳カ上毛ノ地ニ於テ最古ノ前方後円墳ノ一ニシテ其ノ規模ノ大ナルニ見テ當時上毛ノ地ニ雄ヲ誇リシ豪族ノ奥津城ナルコトヲ知ルヲ得タリ」とし、特に家形埴輪と石製模造品の副葬については、考古学において有益な成果と述べている。また、古墳の被葬者については、「豊城入彦命またはその子孫の墓」という地元住民に伝わる伝承も紹介している。そして最後にこの一連の調査が地元住民の古墳保護運動であったことが暗に述べられている[35]。

緑泥片岩で造られた碑は、後円部の墳丘上に碑面を南に向けて建立されており、碑身の大きさは最大高四〇一cm、最大幅一五五cm、最大厚約二七cmと巨大である[36]。碑の下部には多量の自然石を組み合わせた台石があるため総高はさらに高くなり、威容を誇っている（図28）。

撰文は、帝室博物館鑑査官の後藤守一によるもので、書は堀越多三郎、そして鐫刻は田澤清である。

後藤守一（一八八八〜一九六〇）は、神奈川県鎌倉市で生まれた。大正六年（一九一七）に東京高等師範学校地理歴史科卒業した後、静岡中学校（現、静岡県立静岡高等学校）で教鞭をとったが、一九二一に帝室博物館監査官となった。日本古代文化学会を創設し、古墳から歴史時代の遺物や伝来品の調査研究に功績をおさめ、日本考古学の推進に大きく貢献した。静岡県の蜆塚貝塚・登呂遺跡・松林山古墳、群馬県の今井茶臼山古墳などの発掘を主導したことでも知られている。

碑文の冒頭に「帝室博物館總長従三位勲二等法学博士杉栄三郎篆額」とあるように、題字は高さ七三㎝、幅一〇八㎝の額に篆文で「稲荷山古墳碑」と陽刻されている。書風も特徴的に表現され、額内は粗面加工、額の枠も四隅に装飾が施されてる（図29・30）。

【碑文】

帝室博物館總長従三位勲二等法学博士杉栄三郎篆額

稲荷山古墳ハ多野郡平井村大字白石ニ在リモト丘上ニ稲荷神社アリシヲ以テ其ノ名アリ長サ三百餘尺後円部ノ高サ四十尺ノ大前方後円墳ニシテ近在ノ七輿山古墳ト相並ヒテ西群馬ニ於ケル屈指ノ大古墳タリ昭和八年春附近地域ノ開墾ニ際シテ後円部ノ一部發掘セラレシヲ機トシ同年秋十月帝室博物館カ群馬縣史蹟名勝天然紀念物調査會ト協力シ地元民援助ノ下ニ此ヲ發掘調査シ本古墳カ古式ノ前方後円墳ニ属シ二段ニ築カレ葺石及埴輪円筒列ヲ繞ラシ後円部頂上ニ東西ニ石室ヲ並ヘ中ニ男女ヲ葬リ上ニ埴輪家ヲオキシモノナルコトヲ發見シ且多数ノ石製模造品カ鏡刀劍及玉類等ト共ニ副葬セラレシ状態ヲ明カニスルコトヲ得以テ本古墳カ上毛ノ地ニ於テ最古ノ前方後円墳ノ一ニシテ其ノ規模ノ大ナルニ見テ當時上毛ノ地ニ雄ヲ誇リシ豪族ノ奥津城ナルコトヲ知ルヲ得タリ殊ニ埴輪家樹立ノ状ヲ明カニシ石製模造品副葬ノ實際ヲ確ムルコトヲ得シハ考古ノ学ニ従フモノニ尠カラサル稗益ヲ興ヘタリトイフヘキカ

白石ノ地恐ラクハ古史ニ言フ緑野ノ中ニシテ安閑紀ニ記サルヽ屯倉又ハ光仁紀ニ載スル所ノ正倉ハ此ノ地方ニ置カレシモノナルヘク稲荷山及七輿山ヲ中心トスル大小七基ノ前方後円墳及数多ノ円墳ハ此ノ屯倉首及其ノ一族部民ノ墳墓ナルヘキカ而シテ稲荷山古墳ヲ最古トシ七輿山古墳中興ニアリ奈良時代ニ至ルマテ連綿繁栄セシコトヲ偲ヒ得ルモノアルハ實ニ坂東古代史ノ一偉観トイフヘシ然レハ村民本古墳ノ主ヲ

豊城入彦命又ハ其ノ御子孫ニ求メントスルモ亦考フルニ足ルモノアリト言フ可シ余不敏ナシトモ博物館ヲ代表シテ本古墳調査ニ當リシ縁ヲ以テ求メニ任セテ記スルコト爾リ

昭和十年三月

帝室博物館鑑査官従六位勲六等後藤守一撰

堀越多三郎書

田澤清刻

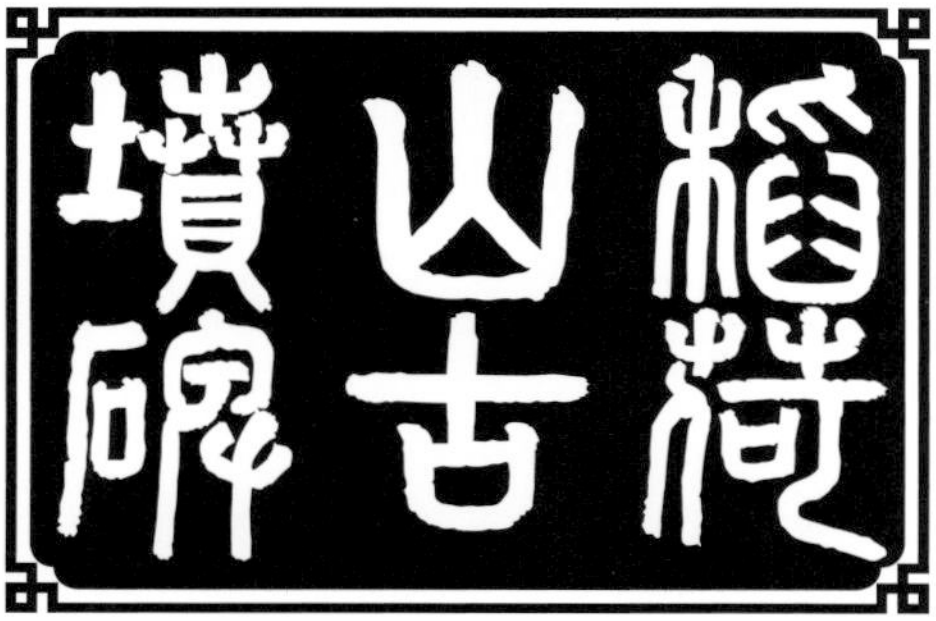

図29 「稲荷山古墳碑」額部実測図（凹部塗り）

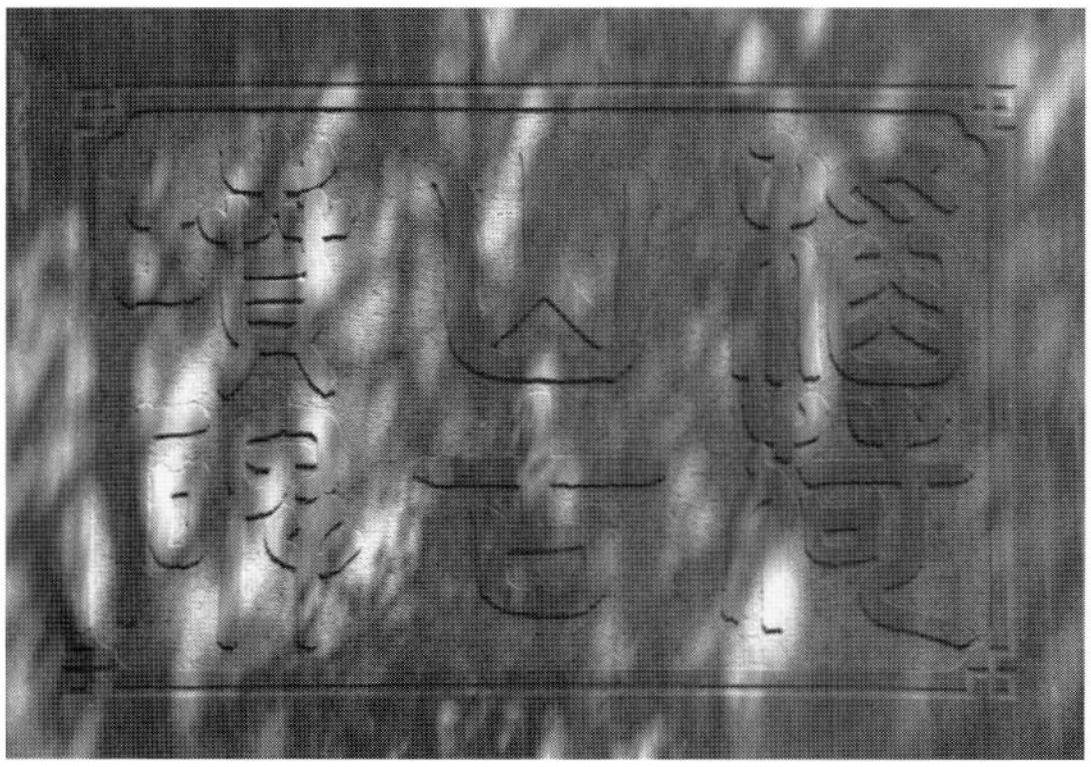

図30 「稲荷山古墳碑」額部

図32 「稲荷山古墳碑」

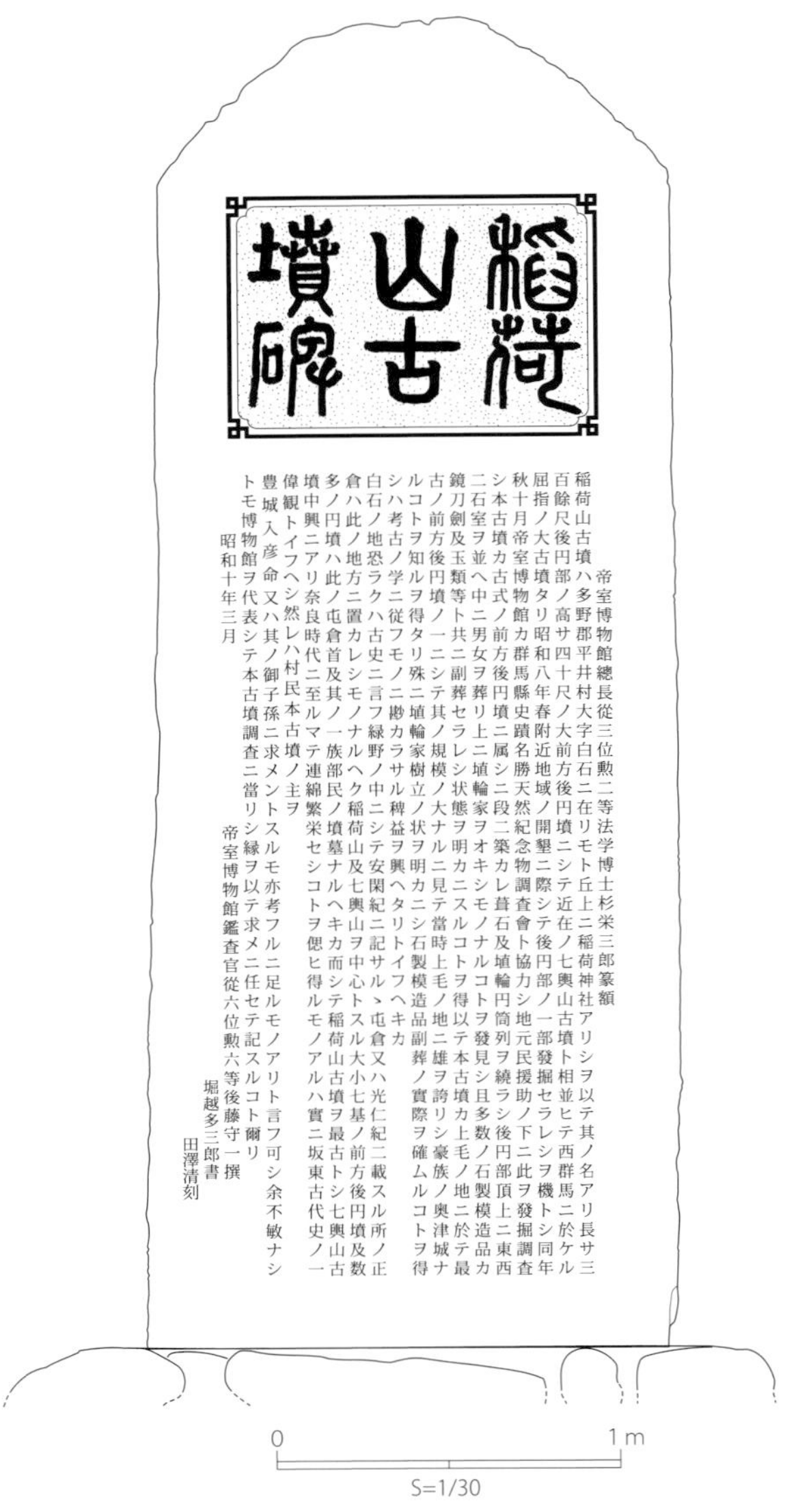

図31 「稲荷山古墳碑」実測図

⑦「軍配山古墳碑」

（群馬県玉村町角渕）（図35・36）

軍配山古墳は、烏川沿いの微高地に立地する四世紀後半の築造と想定される円墳である（図33）。

軍配山の名称は、天正一〇年（一五八二）の神流川合戦の際に、滝川一益が本古墳を本陣として、軍配を振るったという伝承に由来している。別名「御幣山古墳」とも呼ばれ、碑文では、平安時代に清和天皇が関東へ行幸の際に「御幣ヲ此ノ山ニ奉リテ神祇ヲ祀ラセ給ヒシヨリ御幣山ノ名アリト謂フ」と紹介している。現在は田園の中にあり、墳丘には、石祠や、「疱瘡神」、「蚕影山大」の碑（図34）のほか、阿閦如来を示す「ウーン」の種子や「庚」が刻まれた河原石などが多数ある。同古墳は、昭和四四年に玉村町の史跡に指定されている。

昭和五年（一九三〇）の地元住民による発掘の際に、多くの遺物が出土しており、[37] 四世紀から七世紀にかけて付近に展開した古墳の中でも特徴的な副葬品であることから、一体を支配した豪族の墳墓であると想定されている。

出土した副葬品は、墳頂にある碑の裏面に「出土品目録」として詳細に記されている。

碑文では、古墳の名前の謂れや出土遺物の記載の他に、被葬者が「上毛ノ地往々彦狭島王陵墓」とする伝えや、遺物が宮内省の買上により帝室博物館蔵になることを受け、遺跡保存のために村民が記念碑の建立を計画したこと、後藤が撰文を依頼されたことなどが記されている。

墳丘の頂にある象徴的な松の隣に建っている碑は、緑泥片岩製で、碑身の大きさは最大高二五四cm、最大幅九〇cm、最大厚約一四cmである。額は、高さ三八cm、幅五八cmで内面は粗面加工され、周りに一重の枠線を伴う。「稲荷山古墳碑」と同じく、題字は杉榮三郎による篆、後藤守一による撰である。

【碑文】

帝室博物館總長従三位勲二等法學博士杉榮三郎篆額

當古墳ハ里俗御幣山又ハ軍配山ト稱ス　清和天皇関東ニ行幸アリ勅使河原某ノ嚮導ニ依リ當國那波郡茂木郷ノ長者ノ許ニ成ラセ給ヒ暫ク行宮ヲ營マセラレテ御滞留アリ御幣ヲ此ノ山ニ奉リテ神祇ヲ祀ラセ給ヒシヨリ御幣山ノ名アリト謂フ又軍配山ノ名ハ瀧川一益擧兵ニ際シ軍配ヲ此ノ山ニ擧ゲシニ因ムトイフ名ノ起ル所近古ニ在リト雖モ山ハ上古期ニ属スル大圓墳ニシテ　景行天皇ノ御時東山道十五國ノ都督ヲ拝シテ中途穴咋邑ニ薨去アリシ彦狭島王ノ陵墓ナリト博フ昭和五年二月發掘ニ遇ヒ舶載鏡硬玉勾王等ノ副葬品出土シ之ニ因リテ当古墳ガ皇紀八百年代前後ノ築造ニ係ルヲ想ハシム上毛ノ地往々彦狭島王陵墓ト傳フルモノアリ本古墳モ即之ニ属スベキカ

出土遺物ガ宮内省ノ買上ヲ受クルヤ村民相謀リ下附金ヲ以テ碑ヲ建テ事ヲ永久ニ傳ヘントシ余ガ職ヲ帝室博物館ニ奉ズルノ故ヲ以テ文ヲ求メラル不敏當ラズト雖モ村民ノ熱誠ニ動カサレテ稚筆本墳ノ由来ヲ記スト云

昭和十年二月

帝室博物館鑑査官従六位勲六等後藤守一

図 33　軍配山古墳

図 34　軍配山古墳の石造物

図 35　「軍配山古墳碑」

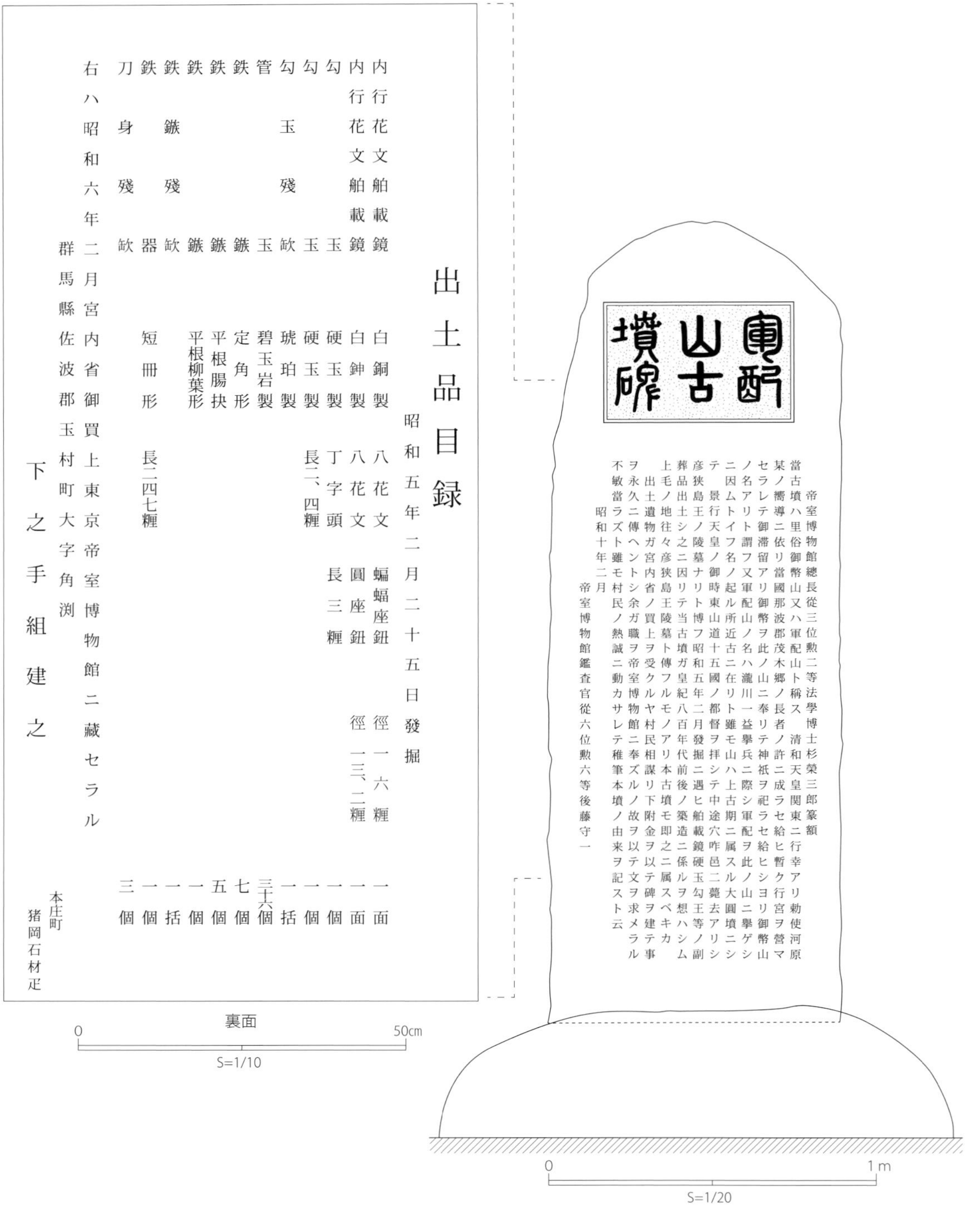

図36 「軍配山古墳碑」実測図

（４）埼玉県

⑧「埼玉村古墳群」碑（埼玉県行田市埼玉）（図40・41）

埼玉古墳群は五世紀後半から七世紀初頭にかけて、大宮台地の北端に築造された前方後円墳八基、円墳一基と小円墳群で構成される古墳群である。日本有数の古墳群で、令和二年には国の特別史跡となった。昭和四三年（一九六八）の稲荷山古墳（全長一二〇ｍ）後円部の発掘調査で出土した鉄剣に金象嵌銘文が施されていたことが、後の保存処理中に判明した事はあまりにも有名である。

屈指の古墳群として知られる埼玉古墳群であるが、地域住民による古墳の保存運動を伝える碑が丸墓山古墳（直径一〇〇ｍ、図39）に建てられていることはあまり知られていない。碑は、昭和一三年（一九三八）の国史跡の指定を受けた保存運動により、史跡の村有化（公有化）を果たしたことを記念したもので、埼玉村古墳保存会により建碑された。

図37　「埼玉村古墳群」碑　裏面

碑文には、県名の由来でもある埼玉郡の地名、古墳の史跡指定、今後の保存のために擧村の協力により公有化したこと等が記されている。また、丸墓山古墳については、「丸墓山は規模壮大の圓墳と志て希有のものに属し天正十八年豊臣氏乃小田原征討の際部将石田三成陣營を設けて忍城攻略を計ると傳へられ」と紹介している。碑の裏面には、「埼玉村史蹟古墳群保存委員」として上段一二名、中段一二名、下段一一名の計三五名の氏名と「紀元二千六百年二月十一日建之　埼玉村」の建碑日が刻まれている[38]（図37）。碑身の大きさは最大高一四〇㎝、最大幅八一㎝、最大厚約一七㎝である。額の内面は粗面加工されており、四隅は内側に反る意匠である。篆及び撰は、史蹟天然記念物考査委員として埼玉村古墳群の指定に当たった柴田常恵によるもので、陽刻された「埼玉村古墳群」の書体は楷書に近い。書は稲村坦元によるものである。

柴田常恵（一八七七～一九五四）は、愛知県春日井郡大曽根村（現、名古屋市東区）の浄土真宗瑞忍寺の住職柴田恵明の三男として生まれた。明治三〇年（一八九七）、二一歳で上京し、苦学しながら真宗東京中学高等科、郁文館中学内の史学館で学んだ。この頃、坪井正五郎の講演を聴き、考古学に興味をいだいたという。一九〇二年に東京帝国大学の雇となり、理学部人類学教室に勤務、後に助手となり坪井に師事した。一九一九年に史蹟名勝天然紀念物保存法が公布・施行され、内務省がこの主管省となった関係で、同省の嘱託に任命され、各地の遺跡・遺物の調査に従事した。寺院出身である柴田は、『仏教考古学講座』の編輯顧問として仏教考古学の体系確立にも尽力した。昭和三年に設立された埼玉県史編さん会では、監修に当たっている。また、埼玉県郷土文化会を設立し、顧問となるとともに『埼玉史談』に多くの論考を寄稿している。

【碑文】

武蔵北部は隣國上野と共に古墳の遺存殊に多く夙
に人煙稠密文運の發達熾なるを察せしむ本村は實
尓其中樞を占めて埼玉郡名の基く所縣名また此處

に由來志百を以て算する大小の古墳累々起伏するもの故なきに非ず昭和十三年八月特尓顕著なる丸墓山二子山等の九基は埼玉村古墳群として文部大臣より史蹟乃指定を受けしが古墳群の指定は僅に九州の一例のみにして未だ他尓見ざる所なり丸墓山は規模壮大の圓墳と志て希有のものに属し天正十八年豊臣氏乃小田原征討の際部将石田三成陣營を設けて忍城攻略を計ると傳へられ今回保存の實を全ふせん為め擧村乃協力に依り指定地域を村有と為すに當り建碑の議あり本史蹟の指定に関係すること前後久しき故を以て予に其記を囑せらる乃ち一言を此處に叙す

昭和十四年十月　柴田常恵篆並撰　稲村坦元書

図 38　丸墓山古墳入り口

図 39　丸墓山古墳

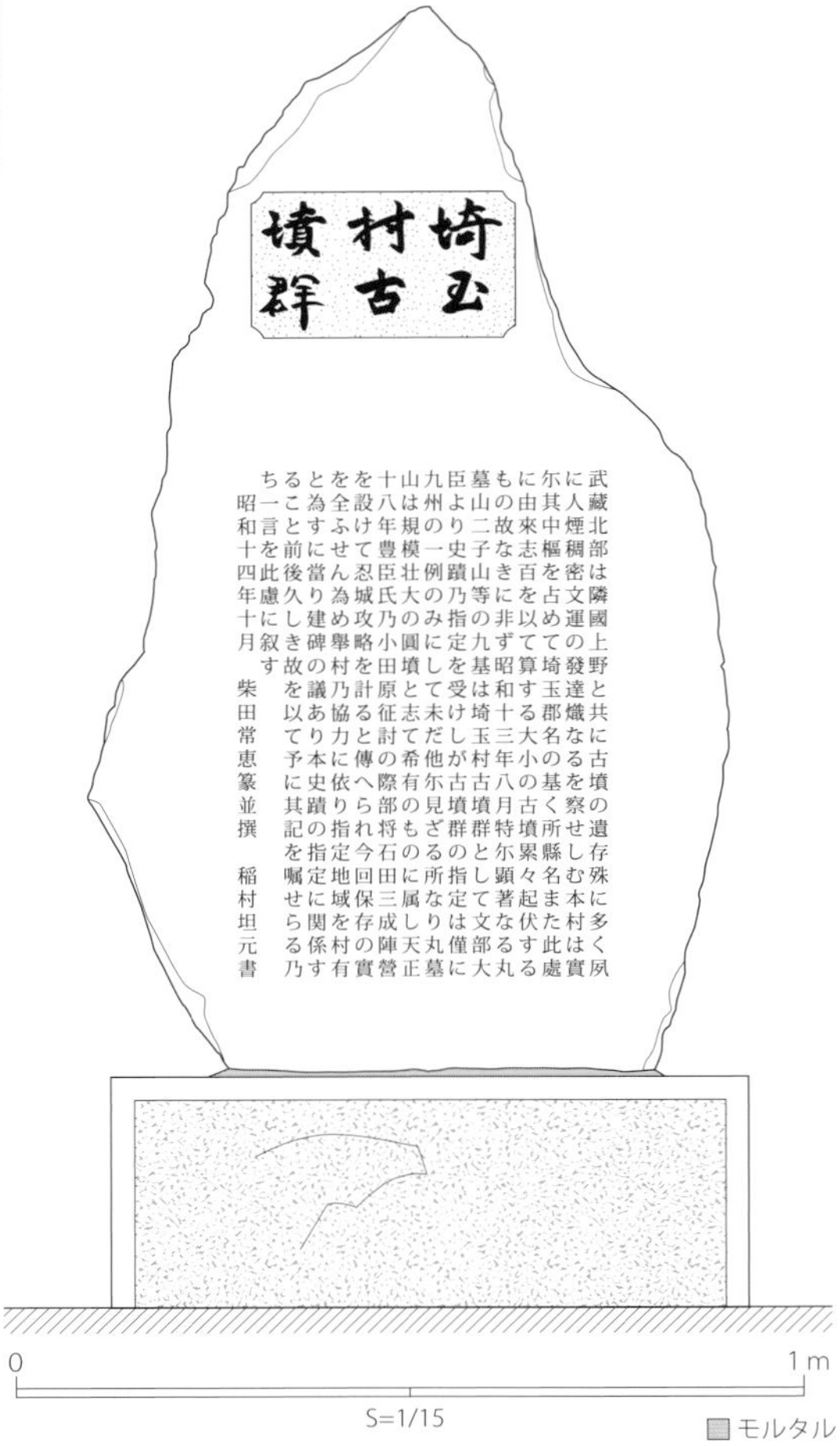

図 40 「埼玉村古墳群」碑　実測図

図 41 「埼玉村古墳群」碑

⑨「一夜塚古墳阯」碑（埼玉県朝霞市岡三丁目）（図43〜45）

一夜塚古墳は、荒川右岸の野火止台地上に占地し、根岸古墳群の一つに数えられる。墳丘の規模は、直径約五〇m、高さ七mの大型円墳であったが、昭和一八年（一九四三）の小学校校庭拡張工事に際し、窪地を埋めるために土が取られ、現在墳丘は残っていない。土取りの際に、主体部の木炭槨が検出され、漢鏡、管玉、直刀、甲冑、鉄鏃、馬具（杏葉・雲珠）等が出土している。また、墳丘からは円筒埴輪や人物埴輪も出土しており[39]、これらの年代観から六世紀前半の築造と想定されてる[40]。なお、出土した遺物は、「一夜塚古墳出土遺物」として朝霞市指定有形文化財に指定されている。

碑文には、稲村坦元により、小学校の父兄三千人が協力して土取りにあたったこと[41]、主体部、出土遺物などが記されているほか、建碑の意義を「近くの柊塚と共に地方豪族の墳墓なること埼玉縣史に詳なり即ち茲に有志相謀り墳阯碑を建て以て記念とす」としている。

稲村坦元（一八九三〜一九八八）は、福井県大野郡大野町（現、大野市）に生まれた。幼名は桃太、一九〇三年に洞雲寺大洞慧全の下で出家し、後に竹渓と号した。

曹洞宗大学（現、駒澤大学）を卒業後、一九一九年の史蹟名勝天然紀念物保存法を受け、東京府史蹟保存調査嘱託となる。一九二四年には、先に紹介した後藤守一、柴田常恵らと町田市の高ヶ坂石器時代遺跡を調査している。東京や埼玉の文化財調査に尽力しながら、板碑の調査研究も行い、板碑の名称を「青石塔婆」と主張した。

一夜塚古墳碑は、朝霞第二小学校内の校門付近の一角に建っており（図42）、碑の前には「勉学のすすめ」と題し、一夜塚古跡保存会による看板が掲げられているので、その内容を記す。「朝霞第二小学校児童の皆さん、この小学校は今から一五〇〇年程前にこの地方を治めていた豪族のお墓だったといわれる一夜塚古墳跡に建っています。この記念碑の後ろの文を読んでください。私たちはその豪族の子孫なのでしょう。先祖のお墓の上に建てられた学校で勉強しているのです。歴史と伝統のある学校で勉強して立派な日本人になりましょう。時折、記念碑のまわりのお掃除をしたり、花をあげて、一夜塚の御霊をお慰めしましょう。平成十七年秋彼岸一夜塚古跡保存会」とあり、続いて碑の正面と裏面の文が紹介されている。一夜塚古跡保存会のこの看板は、墳丘は失われてしまったものの、地域のかけがえのない歴史を伝えるとともに、先人たちの遺跡の保存への姿勢を未来を担う子どもたちに伝える契機として、古墳碑とともに重要な役割を持っている。

碑身の大きさは最大高一六五cm、最大幅七六cm、最大厚約八cmである。碑文は稲村坦元の撰書によるもので、正面には、「一夜塚古墳阯」と大きく陰刻で書かれ、その左脇に「埼玉縣史編纂嘱託　稲村坦元書」と鐫刻されている。裏面には、高さ一三三cm、幅六〇cmの一段掘り下げられた碑面枠が設けられており、枠上辺の両端は隅丸に仕上げられている。中に刻まれた碑文は次の通りである。

【碑文】

北足立郡朝霞町岡に一夜塚といへる一大圓墳
あり高さ七米直徑五十米昭和十八年四月第二
小學校敷地擴張の為父兄三千人協力して之を
崩す墳中に木炭槨あり漢鏡管玉直刀甲冑鐵鏃
馬具杏葉雲珠等を出せり蓋し此地上代新羅郡
の置かれ大陸文化の盛なりし所にて近くの柊
塚と共に地方豪族の墳墓なること埼玉縣史に
詳なり即ち茲に有志相謀り墳阯碑を建て以て
記念とす　昭和廿七年三月　竹溪　坦元誌

図42 「一夜塚古墳阯」碑　遠景

図44「一夜塚古墳阯」碑

図43 「一夜塚古墳阯」碑　実測図

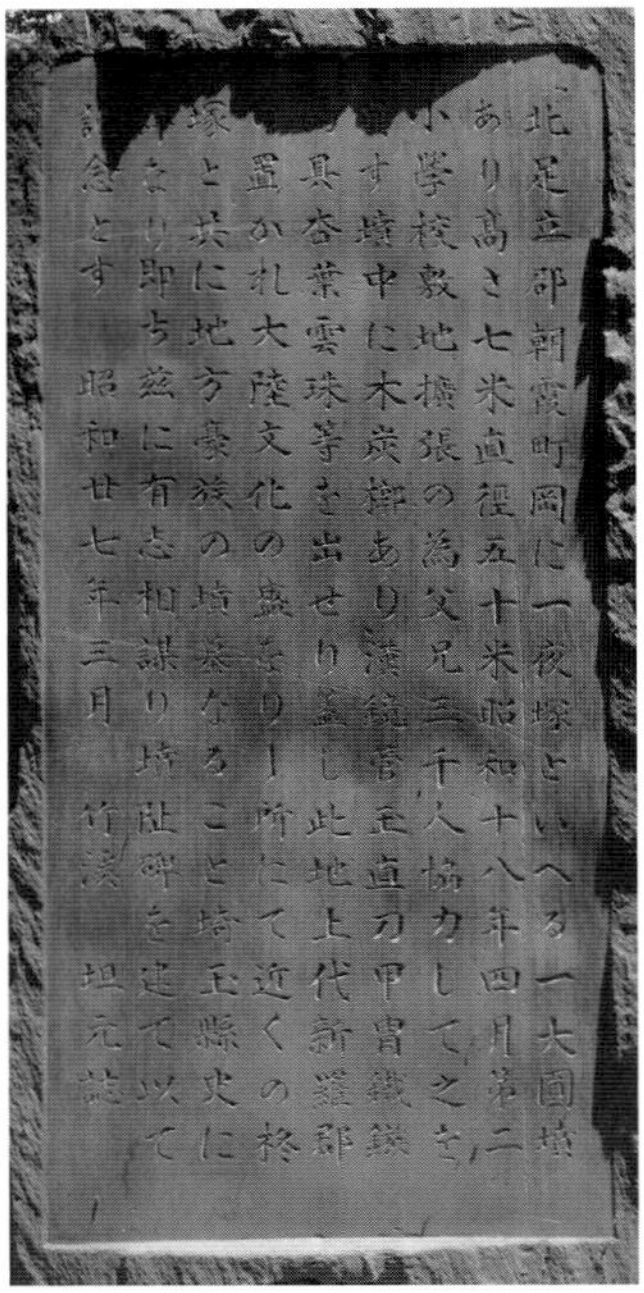

図45 「一夜塚古墳阯」碑　裏面
（合成写真）

⑩「一夜塚供養塔」（埼玉県朝霞市岡二丁目）（図47・48）

一夜塚供養塔は、「一夜塚古墳阯」碑のある朝霞第二小学校から西北西に約八〇〇ｍに位置する真言宗智山派の松光山東圓寺（図49）境内に所在する。東圓寺は、平安時代に中興されたと伝えられる古刹で、古来より薬師堂とその別当寺が近隣にあったといわれ、その薬師堂が廃れたのを惜しんだ永慶が寛弘年間（九八五～一〇一一）に再建したといわれている。

一夜塚供養塔は、山門をくぐった西側にあり（図49）、供養碑の前には、一夜塚古跡保存会による「一夜塚供養塔の由来」の看板がある。内容は次の通りである。

「この一夜塚供養塔の由来は、塔の向って左側面に記されておりますが、御参詣の皆様に一夜塚の由来を敢えて紹介いたします。昭和十八年、大東亜戦争の最中、東京より郷里朝霞に戻ってくる世帯多く、この岡地域、第二小学校の児童数も急増、町として小学校の増築を決定、校庭の隣にあった一夜塚を延べ三千人で取り崩し、そこに小学校を建てたのであります。昭和二十七年、時の先輩達は一夜塚古跡保存会を結成して第二小学校校庭隅に一夜塚古墳阯碑を、一方、この寺にはその頂上附近から発掘された木炭槨の古墳、出土品の一部を埋葬し、懇ろに一夜塚御霊の供養をし、この供養塔を建てたのであります。おそらく当時の先輩たちは、取り崩された古墳の主に謝罪する一方、その跡地、小学校に学ぶ私共子孫に御霊の御加護をお願いして建てた事と思います。尚、この案内板については、東圓寺のご快諾いただき、設置することができました。何卒、この地域の往時を偲びつつ、一夜塚古墳の御霊に慰霊合掌して下さることを念じて、この一夜塚供養塔の紹介とさせていただきます。平成十七年秋彼岸　一夜塚古跡保存会」

一夜塚供養碑は、昭和二七年（一九五二）に建立されており、建碑の理由が稲村坦元の撰文により左側面に刻まれている。碑は、一一三cm四方の基礎、七三cm四方の基壇、四三cm四方の基台の上に二四・五cm四方の塔身が据えられている。碑の総高は一一六cmである。

【碑文】

（正　面）

一夜塚供養塔

（右側面）

昭和廿七年三月廿一日建之

一夜塚古跡保存會

（左側面）

昭和十八年四月朝霞第二小學
校敷地撰張に営り圓墳一夜塚
を取崩す墳中の遺品に因り上
代當地開發豪族の墳墓なるこ
と明なり即ち此處に遺品の一
部を埋葬して以て靈を慰む
埼玉縣史編纂嘱託稲村坦元誌

図 46　「一夜塚古墳供養塔」遠景

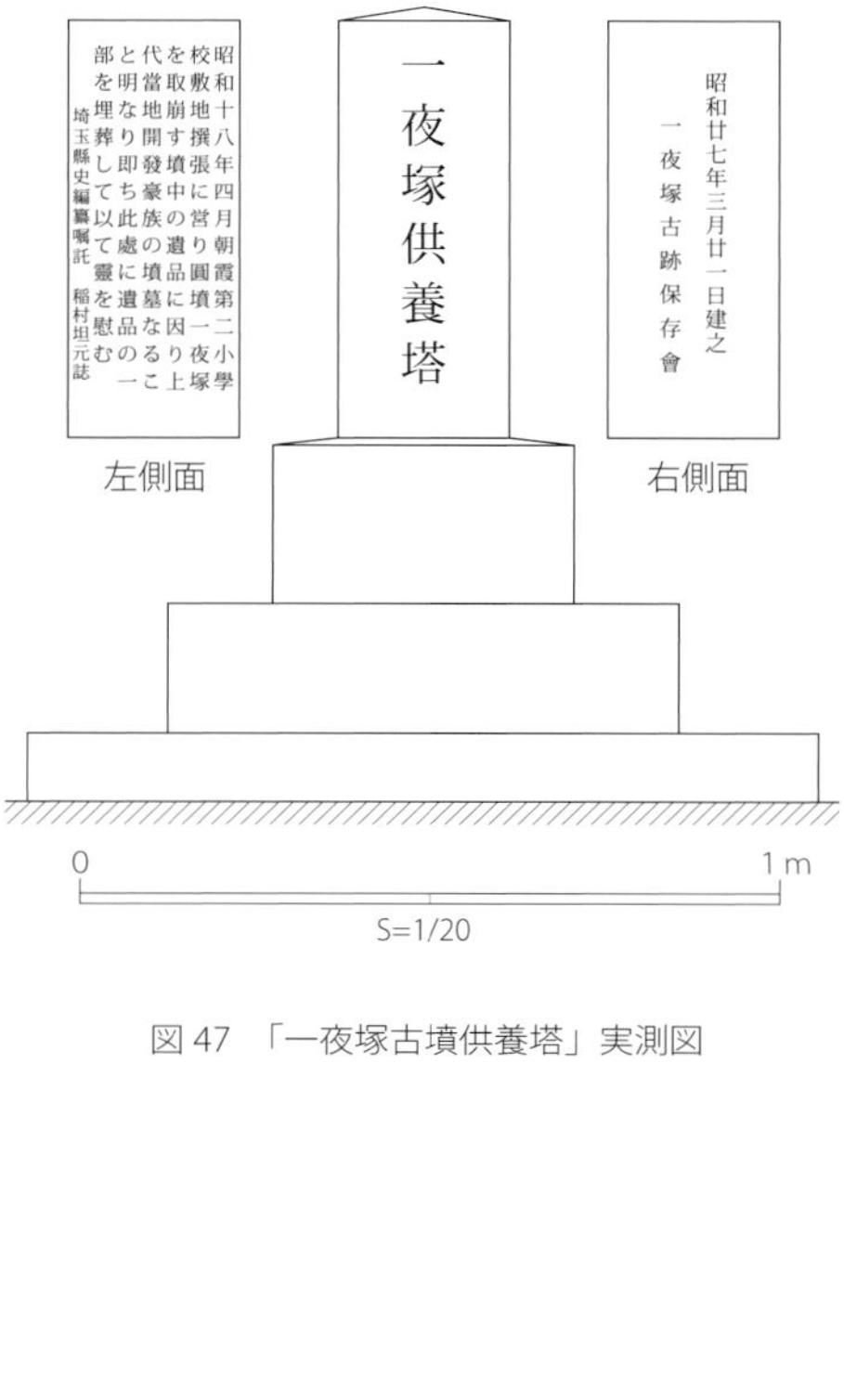

図 47　「一夜塚古墳供養塔」実測図

図 48　「一夜塚古墳供養塔」（右）、同左側面（左）

図 49　松光山東圓寺 山門

（5）千葉県

⑪「古墳之碑」（千葉県柏市鷲野谷字北ノ内）（図54・55）

古墳之碑は、手賀沼を北に望む台地の縁辺に展開する北之内古墳群の第二号墳の墳丘上に、碑の正面を東に向けて（畑を背面）建てられている[42]（図50・51）。現在、古墳の西側一体には畑が広がり、南側には現地までの目印となる鉄塔がある[43]。この碑の内容は、安政七年に染谷治右衛門が自身の所有する畑で二〇を越える円筒埴輪を発掘したが、当時は遺物の性格が不詳であった。その後、息子である大太郎が考古学を志し、東京帝国大学の人類学教室に出入りするようになると、円筒埴輪が古墳に関わる遺物である事を知り、さらに埴輪の出土した場所で赤焼の土器と直刀の破片を発見して、同地が千数百年前の墳墓の跡であることを証明した。そして、古墳の所在地を示し、来訪者に対する便宜を図ること、葬られた被葬者への敬意、墳墓築造者の意思継承、円筒埴輪の発見者である治右衛門氏の顕彰を達するために、古墳碑を建立したことが記されている。

建碑を行った染谷大太郎は、千葉県葛飾郡手賀村鷲野谷（現、現柏市）で出生した。明治三〇年代を中心に考古学の分野でも活躍し、柏の歴史を最初に発信した鷲野谷の実業家として知られている[44]。少年期には儒学者の芳野金陵に入門して学問にを修め、後に坪井正五郎に岩井貝塚を紹介して踏査するなど、柏の考古学の先覚者であり、遺物等の文化財の収集・記録・保存・活用にも取組んだ[45]。また、地元の小学校に収集した遺物を教材として寄付し、東京帝国大学へも多くの遺物を寄贈している。

碑身の大きさは最大高一三四cm、最大幅八八cm、最大厚約一八cm である。高さ一五cm、幅四九cm の題字額は、隅丸に調整され、さらに内側の四隅には装飾を施す枠線が陽刻で創出されている（図53）。内部は粗面加工され、

図 50 「古墳之址」碑　遠景（〇部分）

図 51 「古墳之址」碑　近景（〇部分）

図 52 「古墳之址」額部分

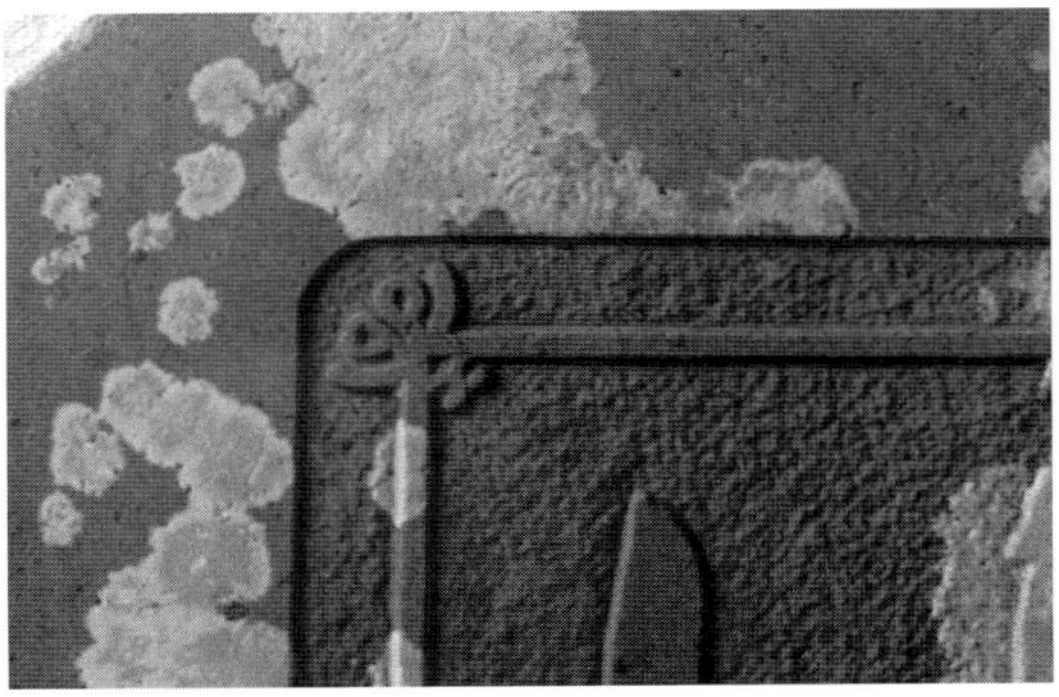
図 53 「古墳之址」碑　額の意匠

題字は篆書で陽刻されている（図52）。群馬県の「茶臼山古墳」碑と同じく、撰文は坪井正五郎、書は大野雲外、鐫刻は廣群鶴による。

【碑文】

凡墓を造り墳を築く者誰か其水久に保存せられんことを望まさらんや而して墳墓の埋没湮滅に帰するもの多きは主として築造者の遺志を継ぐ者の絶ゆるに由る下総國東葛飾郡手賀村鷲野谷字北の内に古土器破片の出つる地有り安政七年二月染谷治右衛門氏此所を探りて圓筒形の土器完全なるもの三個欠損せるもの二十余個を得たり當時其何物たるを詳にする者無く従て其地の由来を明かにする能はす氏の大に遺憾とする所なりき同氏の男大太郎氏又考古に志あり東京帝國大學人類學教室に出入し自ら其鑒識を高むるに及ひて彼の圓筒の古墳附屬物たる埴輪樹物なるを知り更に同一の地に於て赤焼土器一個と直刀の断片数個とを發見して愈此地の千数百年前の墳墓の跡たるを證するに至れり余此地を蹈み是等の物を見氏の考証の正確なるを認む氏か此所に古墳所在地たるを示す碑を建てんと企圖されしハ誠に當を得たり此事たるや啻に来観者の為に便宜を與ふるの擧たるみならす葬られたる者の為には敬意を表するの擧たり墳墓築造者の為には遺志を継くの擧たり而して圓筒発見者治右衛門氏の意も此に於て達するを得たりと云ふへきか余ハ深く氏の企圖を賛する者今や撰文の需を受く豈不文の故を以て之を辞せんや即ち見聞と所思とを記す事此の如し

明治三十三年六月七日

東京帝國大學理科大學教授従五位理學博士　坪井正五郎撰　大野雲外書

廣群鶴刻

(六)　山梨県

図54 「古墳之址」碑　実測図

図55 「古墳之址」碑

⑫「丸山之碑」（山梨県甲府市下曽根町字山本）（図57・58）

丸山塚古墳は、笛吹川左岸に連なる曽根丘陵上に位置する五世紀初頭に築造された直径七二m、高さ一一mの大型円墳である（図61）。東日本最大級の前方後円墳である銚子塚古墳（全長一六九m）の附として、昭和五年（一九三〇）に国の史跡に指定され、現在両古墳の一帯は、甲斐風土記の丘・曽根丘陵公園として整備されている。昭和四〇年（一九六五）に丸山塚古墳の墳頂で石室が発見され、その経緯が碑に記されている（図62）。

碑文の概略を記すと、丸山と呼ばれる塚があり、天保年間は淨照寺の所有で、その頃に「郷民擁護碑」が建てられた。明治の初年に松野伝四郎の所有になり、開墾の際に墳丘上部中央で、石槨を発見した。中から漢鏡一面、刀剣数個が出土し、丸山が古墳であることが判明した（明治四〇年三月四日）。漢鏡は東京帝国大学に保管される事となり、事実を後世に伝え、遺跡の性格を周知するために建碑するというものである。

本碑は、「郷民擁護碑」[46]（図59・60）とともに著名で、両碑の意義については近年の県の文化財指定を受け、詳細な検討がなされている[47]。これによれば、「郷民擁護碑」は、天保一一年（一八四〇）に、市川代官所の小林藤之助らによって建てられたもので、碑は丸山塚古墳を神霊が鎮座する場所であり、崇敬すべき土地であることを知らしめるために建立したものであるが、碑文に見られる「祟り」という言葉の根底には、文化財保護の精神が読み取れるとし、遺跡における「祟り」についての考察を加えている。

両碑は、当初丸山塚古墳の墳頂部にあったが、昭和五九年の整備によって、史跡指定碑とともに古墳周溝北側の現在地へ移設されている。碑は安山岩製で碑身の大きさは最大高一八一cm、最大幅一〇九cm、最大厚約二五cmである。額は、高さ一六cm、幅四九cmで、四隅に装飾が施されている。題字は、粗面加工された額の内部に横一列に楷書体で「丸山之碑」と陽刻し、碑文は高さ九一cm、幅八五cmの枠線の中に二〇行、二〇字詰めで碑文と撰文者が陰刻されている。なお、碑の側面には、上辺と下辺が扇状に上弧した高さ三〇cm、幅一二cmの中央に界線を有する枠が一段掘りで設けれれており（図56）、「松野傳四郎建之　當年六十八才　石工梅原清作　仝義貞」を刻む。

【銘文】

甲斐國東八代郡下曾根村に塚あり里俗丸山と呼ふのみにして由来詳ならす天保年間淨照寺と稱する寺院の所属たりし頃時の代官某此塚を以て郷民擁護神靈の存する所となし碑を建てたる事あるも唯里人に尊敬すべき地たるを告げしに過ぎず明治の初年現在の地主松野傳四郎氏の有に歸して以來開墾を繼續せし結果上部中央深さ約一尺五寸の所に於て埋もれたる石あるを認め發掘の末終に幅三尺高三尺長二丈一尺の石廓を發見し其内部より漢鏡一面刀劍類數個を得るに至れり此に於て由來詳ならざりし丸山は千餘年前貴人の爲めに築きたる墳墓なる事明白となれり是實に明治四十年三月四日の事に屬す今や漢鏡は學術上の参考品として永く東京帝國大學に保存さるゝ事となれり地主松野氏之を得たる地に碑を建て此事實を後に傳へ併せて人をして此地の敬すべき所以を知らしめんとす誠に當を得たる擧と謂ふべし即ち需めに應じ此記を作り且つ書す

明治四十一年九月 東京帝国大學理科大學教授 理學博士 坪井正五郎

図 58 「丸山之碑」

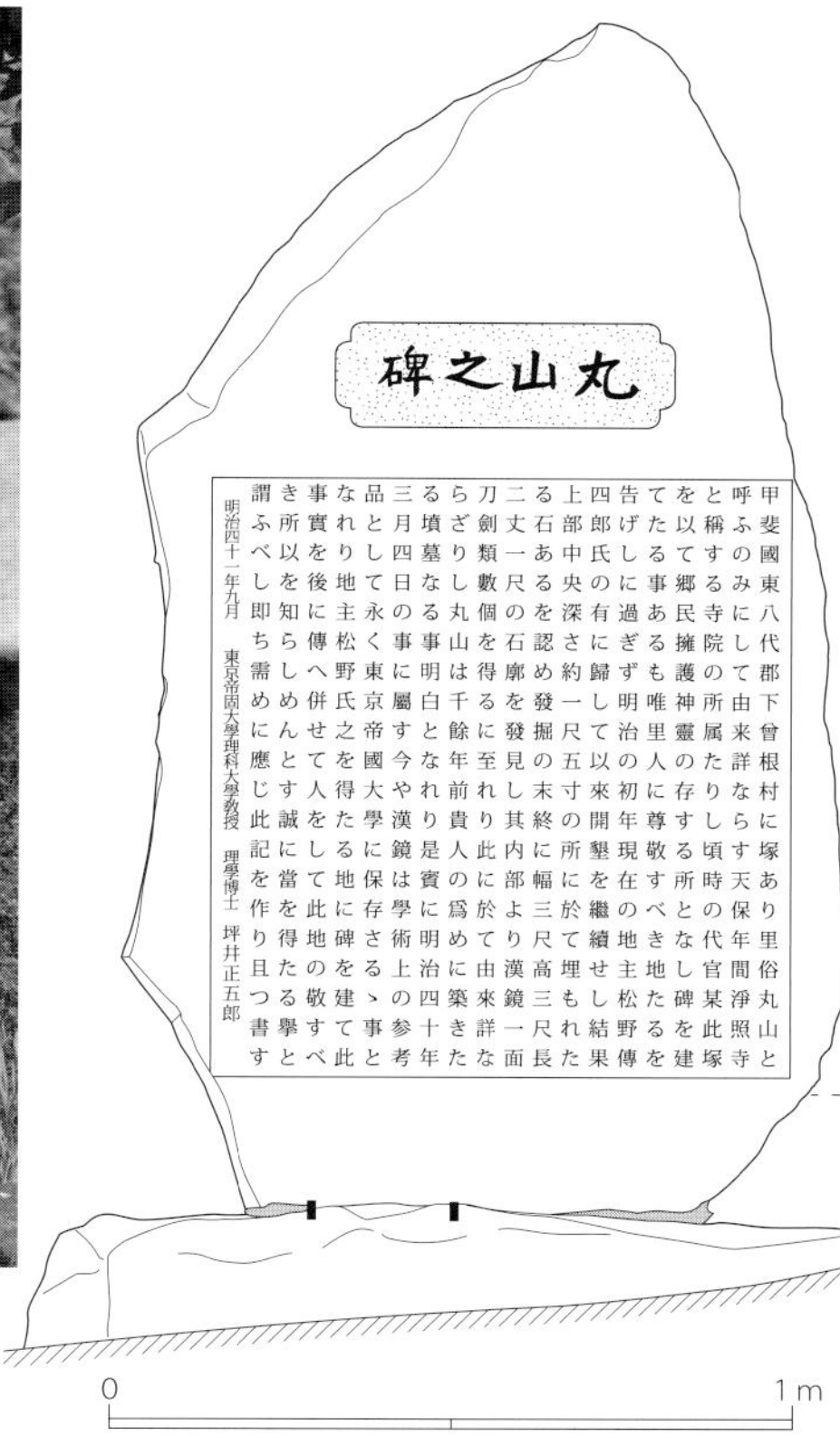

図 56
右側面の銘

図 57 「丸山之碑」実測図

図 60 「郷民擁護碑」

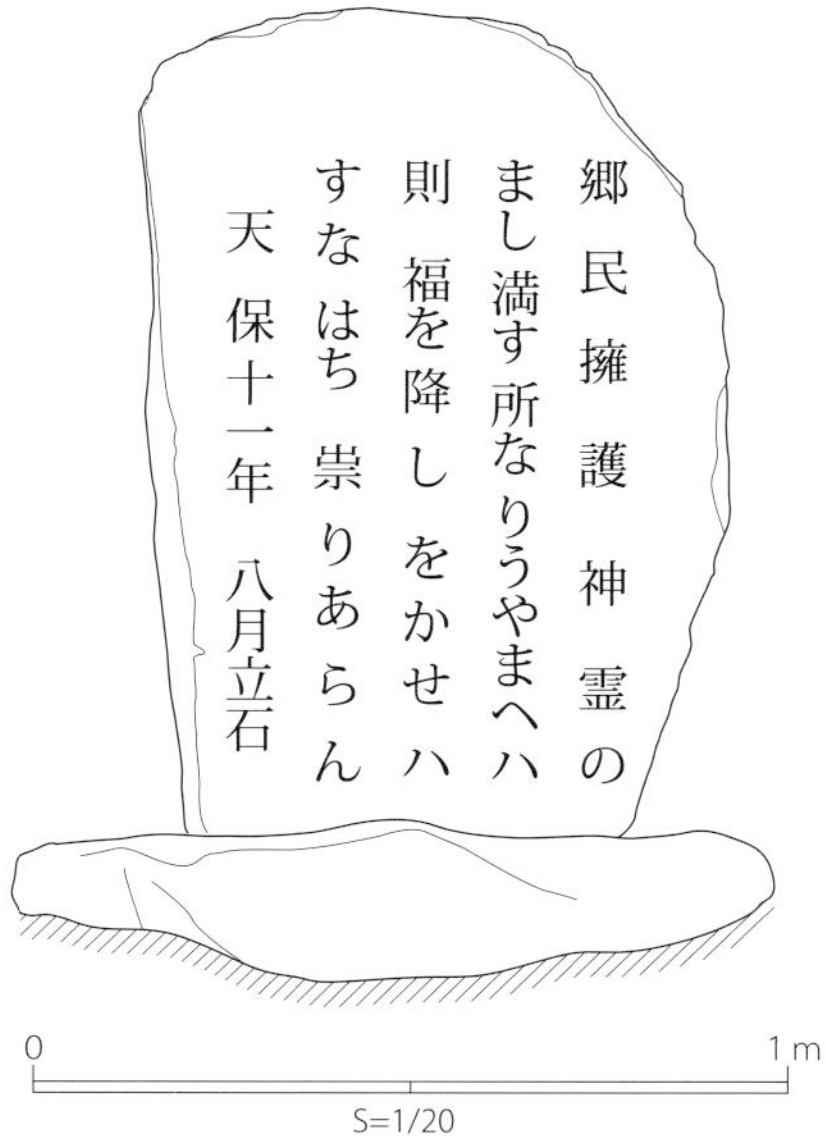

図 59 「郷民擁護碑」実測図

二　古墳関連碑文の記載内容について

以上、煩雑な紹介になったが、各古墳関連碑について碑文掲載内容をまとめると、表2（年代順）のようになる。各項は筆者の主観によるもので、客観性に乏しいかもしれないが、気付いた点について触れておく。

各碑には時代・地域を問わず、古墳発見の契機となった遺物や主体部などの「発見の経緯」が記されている。例外は、埼玉村古墳碑のみであり、建碑の理由が古墳の保存記念碑であるため、この点では他の碑と性格を異にしている。

「発見者」の記載については、具体的な名前を掲出する場合と、しない場合があり、前者については主に不時発見による場合で、発見者の記録と顕彰を建碑の目的の一つとしている。後者は、墳丘が古墳もしくは古代の

図61　丸山塚古墳　遠景

図62　丸山塚古墳の各碑

No.	西暦	所在	碑　題	撰文者	発見の経緯	発見者	発掘者	主体部	遺物	遺物保管場所	古墳の概要	古墳年代想定	被葬者想定	建碑者	建碑理由	撰文理由	学史上の意義	調査の方法	保存の経緯	供養	来訪者の案内
⑤	1898	群馬	茶臼山古墳	坪井正五郎	●	●			●	●		●		●	●	●					
①	1900	茨城	兜塚古墳	坪井正五郎	●	●	●	●	●			●	●	●	●	●					
⑪	1900	千葉	古墳之碑	坪井正五郎	●	●			●			●		●	●	●				●	●
⑫	1908	山梨	丸山之碑	坪井正五郎	●	●		●	●	●	●	●		●	●	●					
②	1917	茨城	古墳遺蹟之碑	栗田　勤	●	●			●	●		●		●	●	●					
⑥	1935	群馬	稲荷山古墳碑	後藤守一	●	●	●	●	●	●	●	●	●		●	●	●	●			
⑦	1935	群馬	軍配山古墳碑	後藤守一	●				●	●	●	●	●	●	●	●					
③	1936	栃木	織姫山丁字形古墳跡	丸山瓦全か	●		●	●	●						●						
⑧	1940	埼玉	埼玉村古墳群	柴田常恵							●			●	●	●			●		
⑨	1945	埼玉	一夜塚古墳阯	稲村坦元	●	●		●	●		●		●	●	●						
⑩	1945	埼玉	一夜塚供養塔	稲村坦元	●						●		●		●					●	
④	2021	栃木	日本考古学の原点　湯津上の侍塚古墳	坂詰秀一	●		●			●					●		●	●	●		

表2　古墳関連碑の記載内容

墓であると伝承等で周知されていた中での発掘によるもので、その後の古墳保存の動きにあって意図的に発見者個人の名前を伏せているように看取される。

「発掘者」の記載は四例あるが、古墳の発掘にあたって調査の目的を明確にして実施されているのは、侍塚古墳の事例のみで、その他の三例は遺物等の不時発見後に、いわば緊急的に調査を担った担当者が記されている。

このように本稿で取り上げた古墳関連碑のほとんどが、学術的な目的によって発掘したものではなく、地域住民等によって偶発的に遺物や主体部が発見されたことを契機に建てられていることが特徴として挙げられる。そして建碑に至る理由は、建碑者の個人的な理由、発見者の顕彰、遺跡の明示、もしくは古墳保存目的など様々な理由があるが、主として地域住民の発意によって建碑されていると捉えることができる。この主な流れは、①地域住民による遺物発見、②性格や評価のために考古学者に連絡、③考古学者による現地確認（調査）、あるいは遺物の鑑定・古墳の評価、④古墳発見の記念・発見者の顕彰・古墳の周知などを目的とした建碑を計画、⑤遺構や遺物の評価を行った考古学者に一連の位置づけを明確にするために撰文を依頼、⑥碑の建立、というものである。

また、例外を除いて「遺物」の記載が各碑文に必ず見られことから、当時すでに古墳比定の材料の一つとして遺物が重要の要素であることが当時広く周知されていたと考えられる。これは、明治期においては、明治七年（一八七四）に各府県に出された古墳発掘に対する規制[48]や、明治時代中期に東京帝国大学理学部・人類学教室や東京人類学会を中心とした坪井正五郎の尽力により、考古学が文科系の独立した学問として発達[49]したことが大きな要因であると考えられる。そして明治二八年（一八九五）には、日本ではじめて考古学の学会である考古学会が文科系の学者を中心に創立するなど、国民に広く「考古学」の学問が普及したことにより、古墳に対する世間の関心と保存の機運が醸成されはじた結果といえよう。関東各地の古墳発見者が坪井に遺物の鑑定と碑の撰文を依頼していることや、「茶臼山古墳」碑のように碑の裏面に多くの賛同者が記されている例は、坪井の普及活動の成果の一端を示している。

古墳の発掘のあり方については、その後に建立された昭和期の碑文にも見られる。「織姫山丁字形古墳跡」碑では、「成規ノ手續ヲ了ヘ帝室博物館鑑査官後藤守一氏等ノ臨地ヲ求メテ」とあり、「正規の手続き」を強調している。また、「稲荷山古墳碑」でも「帝室博物館カ群馬縣史蹟名勝天然紀念物調査會ト協力シ地元民援助ノ下ニ此ヲ發掘調査」として調査体制や協力について触れている。そして取り上げた碑の約半は「遺物の保管場所」についても明示しており、結果として散逸した資料も認められるが、遺物の保護と学術的な活用の観点からも重要である。

「古墳年代想定」は、「千四百年前」、「上代」、「千数百年前」、「千余年前」と大まかな年代想定が多い。「被葬者想定」は地元に伝わる人物を紹介しているほか、「貴人」、「地方豪族」、「高貴の人」、「上代貴族」という表現により想定されている。

「建碑理由」については文の長短はあるものの、全ての碑に記載されている。その理由は細かく分類すれば様々あるが、昭和一五年（一九四〇）以降に建立された碑については、建碑の契機がより具体的な内容になっている。特に「埼玉村古墳群」碑は、保存の記念、「一夜塚供養塔」は供養、「日本考古学の原点 湯津上の侍塚古墳」は日本考古学史における学術的な発掘の事績の顕彰を目的にしており、それまでの発見・発掘記録としての意味合いが濃い碑文とは一線を画している。坪井撰文による「茶臼山古墳」碑の建立から約半世紀を経て、「考古学」の学問体系がより発展した時代に建立された碑は、それまで以上に明確な目的をもって建立されている点が注目される。

さて、関東地方において、管見では昭和二〇年（一九四五）以降、令和三年（二〇二一）までの約七五年の間、考古学者の撰文による古墳碑は建立されていない。その最大の理由は、昭和二五年（一九五〇）に文化財保護法が制定され、文化財保護の役割を主に地方自治体をはじめとする行政が直接的に担うようになった事による。現在の文化財の指定についても一般的には、指定文化財の選定後に、教育委員会から文化財保護審議会等に諮問し、審議会からの答申を受けて、教育委員会が指定している。考古学者が審議会の委員に就任することはあるものの、明治・大正期に見られる考古学者の遺物の鑑定や評価とは役割が異なっている。それでは、現代における考古学者による撰文碑には、どのような意義があるのだろうか。

三　建碑にみる観光考古学とまちづくり

平成三一年（二〇一九）四月に文化財保護法及び地方教育行政の組織及び運営に関する法律の一部が改正され、これまで以上に、観光の観点による文化財の活用が期待されている。

「観光考古学」は、坂詰氏によって提唱され(50)、「遺跡を観光資源（資本）として捉え、活用の方策について考古学を軸に関連分野とともに総合的に考えることを目的」としており、すでに、各地域で観光考古学の実践報告がある(51)。一方、二〇〇〇年頃から、全国各地で観光による地域振興を目指す「観光まちづくり」の重要性が高まってきた。「観光まちづくり」は、いわゆる有名な観光地や大型バスや飛行機による大量輸送・大量宿泊が前提とした観光ではなく、「地域が主体となって、自然、文化、歴史、産業、人材など、地域のあらゆる資源を活かすことによって、交流を振興し、活力あふれるまちを実現するための活動(52)」と定義されている。

そもそも「観光」の語源は、中国儒教の古典四書五経の一つに数えられる『易経』の「觀國之光利用賓于王」に由来し、「国の光を観るは、もって王の賓たるに利し(53)」にあり、明治四年の海外経済・政治情勢視察団（団長、右大臣岩倉具視）が明治八年に政府に提出した『特命全権大使米欧回覧実記』の巻頭に「観光」の字が書かれていることは有名である(54)（図63）。

観光とは、単なる物見遊山ではなく、地域の「光」を心をこめて観て、学び、理解することである。その地域の「光」は、専門家によってのみ提唱、定義づけされるものではなく、地域住民が発掘、育成、活用することによって、はじめて持続可能なまちづくりを実践できる。同様に文化財の保護も住民が文化財を「光」として誇りを持ち、後世に残す活動を主体的に行うことが肝要であり、観光まちづくりを推進するためには観光考古学の視点が今後より重要な役割を果たすと考えられる。

坪井正五郎が全国で講演し、わかりやすく「考古学」の学問を普及したことで、地域住民が「古墳」という「光」を認識し、後世に残す保存運動につながったことは、現代の視点に通じるものがある。そして、「日本考古学の原点 湯津上の侍塚古墳」の碑は、地域の貴重な歴史を紹介するために発足した那須国古代ロマンプロジェクト実行委員会が中心となり建碑された。住民が再認識した「光」を考古学者が学史上の位置づけにより顕彰したことは、先駆者達が遺物や遺構の鑑定から古墳の性格を考察し、保護を図ったことと同義であり、観光まちづくり、観光考古学、文化財保護の歴史においても重要な事例といえよう。

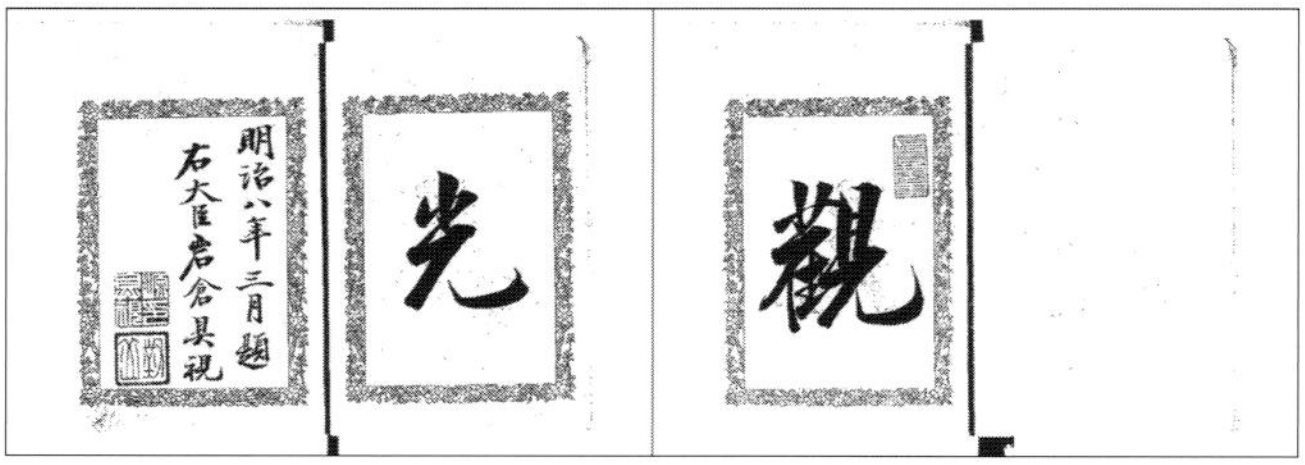

図63 『特命全権大使米欧回覧実記』第１篇

おわりに

関東地方に残る考古学者が撰文した古墳関連碑について、主に資料化を目的として紹介し、観光考古学の視点から若干の私見を加えた。筆者の力量不足で雑駁な内容に終始してしまい関係諸氏による叱咤を請う次第である。概観して古墳関連碑の建碑理由は様々であるが、碑文の内容が考古学史における学問体系の位置づけと、時代毎の国民世相の一端を反映していることを再確認できたと思う。また、多くの碑が学術的な調査ではなく、地域住民等によって偶発的に遺物や主体部が発見されたことを契機に建てられていることが特徴として考えられた。今後も資料化の機会を重ねていきたい。なお、本稿では観光考古学の実践として、石造文化財資料の解説という側面からも起稿しており、なるべく平易な文とした。本稿を基に碑を探訪いただき、先人たちの偉業と文化財や考古学への「思い」を感じていただければ幸いである。

執筆にあたり、石岡市、鉾田市、大田原市、柏市、藤岡市、玉村町の各教育委員会、朝霞第二小学校、群馬県埋蔵文化財調査事業団の担当者の方々から貴重な情報提供をいただいた。また、不二内古墳では、実測調査にあたって近隣の方にご協力を賜わった。そして、坂詰秀一氏、上野修一氏、松原典明氏、那須国古代ロマンプロジェクト実行委員会の諸氏には、本稿の構想の機会をいただいた。記して感謝申し上げます。

註

1　栃木県立なす風土記の丘資料館『水戸光圀の考古学―日本の考古学那須に始まる―』二〇〇四

2　発掘調査の目的は那須国造碑に刻まれている人物の墓が侍塚古墳（車塚）であると想定して実施された。

3　那須国造碑、侍塚古墳調査についての主な史料は大金家文書『那須記』、『重昭童依調年記』、『小口村久左衛門旧記』、『笠石御建立記起』、『湯津上村車塚御修理』、『光圀公御成顛末旧記』、『佐々介三郎宗淳書簡』、水戸藩編纂『水戸紀年』がある。『佐々介三郎宗淳書簡』の元禄五年（一六九二）二月二四日書簡によれば、「箱のふたの内に書付仕る可く候間、箱出来申し候はば、御左右成さる可く候」とあり、蓋の内側には一文が添えられているものと考えられる。

4　那須国造碑と侍塚古墳の保護についての動向は、斎藤忠・大和久震平著『那須国造碑・侍塚古墳の研究』吉川弘文館一九八六、那珂川町教育委員会『佐々介三郎宗淳書簡集』二〇一五などに詳しい。

5　森浩一『古墳の発掘』中央公論社　一九六五年で、「私はこれまで天皇陵をも含めて多くの古墳を見てきたが、そのなかでいちばん美しい古墳を一つえらべといわれたら即座に下侍塚と答えよう。上侍塚もよく保護されているが、付近の人たちによって毎年、下草が刈りこまれている下侍塚こそ、日本の古墳の白眉である。光圀の配慮はこんにちも継承されている。」と述べている。

6a　池上悟「古墳関連碑文考」大田区史編さん室『史談』第二八号一九八八

池上氏は、「碑を建てることは、確実に内容をその土地の衆に知らしめ、さらに後世へ伝示するという点において極めて重要な行為であったものと考えられ、なおざりにすべからざるものといえよう。」とし、碑文研究の意義を明確にしている。

b　池上悟「古墳関連碑文雑考」斎藤忠先生頌壽記念『考古学叢考』一九八八

c　池上悟「淡窓碑文二題」『立正考古』立正大学考古学研究会

第二八号　一九八八
d池上悟「古墳関連碑文小考」『立正考古』立正大学考古学研究会第二九号　一九八九

7 大谷徹「埼玉県における古墳関連碑文」『研究紀要』第一一号　埼玉県埋蔵文化財調査事業団　一九九四

8 吉澤学「群馬県古墳関連碑文雑記」『東国史論』第一七号　群馬考古学研究会　二〇〇二

9 野代恵子・北原糸子「神霊が護る古墳と地域—郷民擁護碑と丸山之碑に見る文化財保護の精神—」『山梨縣考古學會誌』第二七号　山梨県考古学協会　二〇二〇

10 ここでは、近隣県として山梨県の例も含める。また、東京都港区に所在する芝丸山古墳には、坪井正五郎が明治三六年に建てた「瓢形大古墳」と線刻された碑があるが、撰文とは異なるため本稿では含めていない。

11 石造物の資料化の手法としては拓本が有効であるが、資料保護の観点から、現地での実測（一部略測）を基本とし、銘文についても再確認を行った。ひらがなは、現代字としているが、漢字は碑文に合わせてなるべく旧漢字体で記録している。なお、本稿では先行研究で活字化がされているものの、碑文の確認によって検出した誤字を修正しているため、掲註文献の内容と必ずしも一致しない。なお、碑文の拓本の一部は、斎藤忠『日本考古学史辞典』一九八四などで紹介されている。

12 坪井正五郎・野中完一「常陸国新治郡瓦会村の古墳」『東京人類学会雑誌』第一四巻第一五三号　一八九八

13 石岡市教育委員会の案内掲示による。なお、坪井正五郎は、碑文において古墳の年代を凡そ一千四百年前と想定している。

14 鉾田町史編さん委員会『鉾田町史　原始・古代史料編』一九九五

15 出土した埴輪等については、明治三〇年に八木奘三郎により報告されている。
八木奘三郎「常武両国新発見の埴輪に就いて」『東京人類学会雑誌』一二—一三一、一三七　一八九七

16 栗田勤は主として歴史学者として著名であるが、当該古墳の現地調査も行っていることから本稿の対象とした。

17 大阪朝日新聞社（編）『大喪儀記録』朝日新聞合資会社　一九一二によれば、「岡本技手等は藤原式武將に象られし古代型埴輪四體を御槨の四隅へ外向きに納め終り」という記述が確認できる。地主宅への模造品贈呈の経緯は鉾田市教育委員会の案内掲示による。

18 出展　国立博物館所蔵品統合検索システム
(https://colbase.nich.go.jp/collection_items/tnm/J-5625?locale=ja)

19 後藤守一・内藤政光・森貞成『足利市織姫神社境内古墳発掘調査報告』一九三七

20 前掲註6ａに同じ

21 竹澤謙『丸山瓦全　とちぎの知の巨人』随想舎　二〇一八

22 坂詰秀一「「日本考古学発祥の地」副碑の撰文に寄せて」『祝「日本考古学発祥の地記念碑序幕式次第』二〇二二

23 大田原市教育委員会の案内掲示による。

24 大田原市なす風土記の丘湯津上資料館『那須国造碑—時代と人とを結ぶもの—』二〇一四

25 国宝「那須国造碑」については、通常一般撮影は禁止されているが、除幕式の際は一般に公開され、撮影も特別に許可された。

【碑文】

永昌元年己丑四月飛鳥浄御原大宮那須国造
追大壹那須直韋提評督被賜歳次康子年正月
二壬子日辰節殄故意斯麻呂等立碑銘偲云尓
仰惟殞公廣氏尊胤国家棟梁一世之中重被貳
照一命之期連見再甦砕骨挑髄豈報前恩是以
曽子之家无有嬌子仲尼之門无有罵者行孝之
子不改其語銘夏尭心澄神照乾六月童子意香
助坤作徒之大合言喩字故無翼長飛无根更固

26 「日本考古学発祥の地」記念碑は、芦野石製で碑身高三二八㎝、台石九〇㎝、総高は四一八㎝である。

27 前掲中22に同じ

28 碑の裏面には、約一五〇名の寄付者の芳名が刻まれている。

29 前掲註6ａに同じ

30 富岡市教育委員会の案内掲示による。

31 二四・七㎝の鏡で、「三角縁龍虎鏡」、「神人車馬龍虎画像鏡」の呼称でも紹介されている。

32 現在、宮内庁所蔵の鏡以外は散逸している。

33 前掲註8に同じ

34 藤岡市教育委員会によれば、平成三〇年から令和元年にかけて、実施された群馬県立歴史博物館と早稲田大学による非破壊のデジタル三次元測量と地中レーダー探査により、前方部に新たな埋葬施設があることが判明したほか、一七五ｍとも一四〇ｍとも言われてきた墳丘長が一五五ｍであること、三段築成であることが判明し、築造年代も五世紀初頭に遡ることが明らかになっている。

35 前掲註8で、吉澤氏は碑文最後の「縁ヲ以テ求メニ任セテ記スルコト爾リ」が「地元住民による古墳保存運動であったこと」を語っているとしている。

36 最大高の値は最上部を水平に確認できなかったため、数値が前後する可能性がある。

37 後藤守一「上野國佐波郡玉村町大字角淵古墳」『古墳発掘品調査報告』帝室博物館　一九三七

38 紀元二千六百年は、昭和一五年（一九四〇）

39 埼玉県『埼玉県史』第一巻先史原史時代　一九五一

40 前掲註7に同じ

41 経緯に詳細については、森春男「坦元先生撰文碑と一夜塚」『埼玉史談』第三六巻　第一号　稲村坦元先生追悼号　一九八九　に詳しく紹介され、前掲註7で、大谷氏も紹介している。これらによれば、昭和二六年（一九五一）に地元の有志によって「一夜塚古跡保存会」が発足され、その事業の一環として翌年に建碑されている。

42 ちば情報マップ
https://map.pref.chiba.lg.jp/pref-chiba/Map?mid=30&mpx=140.00907222737555&mpy=35.83682218697144&bsw=1519&bsh=722

43 碑の周囲は時期によって藪が茂っているため、碑の発見が困難な場合がある。北之内古墳群の所在地は柏市鷲野谷字北ノ内三二五―一他

44 柏市「第10回 染谷 大太郎 ～柏の歴史を最初に発信した鷲野谷の実業家～」『広報かしわ』平成二九年二月一五日号（一五二三号）

45 (財)千葉県史料研究財団『千葉県の歴史　資料編　考古四（遺跡・遺構・遺物）』二〇〇四

46 郷民擁護碑の碑身は、最大高一一二㎝、最大幅七三㎝、最大厚約三四㎝で、安山岩で造られている。

【銘文】

郷民擁護神霊の
まし満す所なりうやまへハ
則福を降しをかせハ
すなはち祟りあらん
天保十一年八月立石

47 前掲註9に同じ

48 「古墳発見ノ節届出方」（明治七年五月二日太政官達第五十九号）

49 齋藤忠『日本考古学史』一九七四

50 坂詰秀一「観光考古学の可能性」『文化遺産の世界』Vol.14 特集観光考古学（I）―観光資源としての日本の遺跡― 二〇〇四

51 『観光と考古学』（観光考古学会機関誌）創刊号 Vol.1 二〇二〇

52 (財)アジア太平洋観光交流センター『観光まちづくりハンドブック』二〇〇一

53 須田寛『図で見る観光』二〇一八

【意訳】

「その地域の「光」（美しいもの、秀れたもの）を心をこめて学び、かつみること、ないし心をこめて誇りをもってしめすことによって、多くの人を迎え、人的交流を図ることは、王（為政者）の務め である。」

広辞苑によれば、「観光」とは、「他の土地を視察すること、また、その風光などを見物すること」とあるが、近年は観光の概念が変わりつつあり、対象とする地域においてもその定義は様々である。一方で、高度経済成長期に投資されたいわゆる「観光地」と「観光まちづくり」の概念は明確に異なり、観光地ではない都市近郊の地域においては、「住んでよし」「訪れてよし」の観光まちづくりを推進するためにも住民参加型の観光のあり方が注目されている。

54 国立国会図書館デジタルコレクション『特命全権大使米欧回覧実記』第1篇 https://dl.ndl.go.jp/info:ndljp/pid/1151920/4

参考文献

山本寿々雄「古墳文化」『山梨県の考古学』一九六八

斎藤忠・川上博義「不二内古墳」『茨城県史料 考古資料編古墳時代』一九七四

今井宇三郎『新釈漢文大系二三 易経上』明治書院 一九八七

栃木県立なす風土記の丘資料館『水戸光圀の考古学―日本の考古学那須に始まる―』二〇〇四

大田原市なす風土記の丘湯津上資料館『なす風土記ものがたり―なすの古墳をめぐって―』二〇一三

人名参考文献

斎藤忠『日本考古学史』一九七四

斎藤忠『日本考古学用語辞典』一九九八

江坂輝弥・芹沢長介・坂詰秀一（編）『新日本考古学辞典』二〇二〇

武蔵野文化協会（編）『武蔵野事典』二〇二〇

【謝辞】松原典明先生が還暦をお迎えになられたことを心からお慶び申し上げます。先生に師事してから早いもので二〇年が経とうとしています。この間、公私に渡りたくさんのお気遣いを頂くとともに、多くの御指導を賜りました。これからも健康に御留意され、益々御活躍されることを祈念しております。献呈させていただいた拙稿は、松原先生と一緒に参加させていただいた「日本考古学発祥の地」記念碑除幕式に関連するテーマとしました。未熟な弟子ですが、今後とも変わらぬ御指導を賜れますことを、心よりお願い申し上げます。この度は、本当におめでとうございます。

松原典明代表の華甲を祝う

石造文化財調査研究所 顧問　坂詰秀一

石造文化財調査研究所の松原典明代表が華甲を迎えられた。誠に慶賀に堪えない。

日頃、寧日無く東奔西走し、各地の近世大名墓所の調査と保存に尽力し、近頃は、併せて儒者の葬墓、黄檗の叢林に詣でて近世宗教についての認識を高められていることは誠に悦ばしい次第である。

すでに『近世宗教考古学の研究』（二〇〇九）『近世大名葬制の考古学的研究』（二〇一二）の二冊の論文集を上梓し、加えて、『近世大名葬制の基礎的研究』（二〇一八）『近世大名墓の考古学』（二〇二〇）と題する二大冊を編著されたことは、大名墓の調査研究を直走る先駆者として令名を馳せている。さらに、『石造文化財』の編集と発行の主宰者としても考古学・近世史・美術史そして仏教の研究者に周知されている。

仏教考古学の研究に端を発した研究は、次第に関連諸分野の調査と研究に展開しているが、なかでも日本の近世社会の中枢であった大名の葬墓制を通して、近世における社会的背景、宗教事情を鮮明化する視点を考古学的資料の分析より究めていることは注目されている。宣なるかな、研究所の活動にそれらが現出されているのである。

今後ともお元気で加餐され、さらなる研究の発展を願って已まない。

令和辛丑春抄

坂詰秀一顧問

対談　華甲の感懐を語る

立正大学名誉教授
文化財調査研究所顧問
坂詰秀一 VS 松原典明

坂詰　松原さんが六〇歳を迎えられたとは驚きです。しかし、自分の歳を思うと改めて納得します。今、研究に「脂が乗っている」と言う表現が相応しいと思うのですが、ご自身、東奔西走の本年を顧みて感懐は如何ですか。

松原　振り返ると、昭和五四年に立正大学の文学部に入学して以来、出来の悪い学生でしたが、坂詰秀一先生の下でご指導賜ることが出来ていることは、何ににも代えがたい幸せです。心から感謝申し上げます。特に、近年の大名家の葬制に関する研究活動は、公益財団法人高梨学術奨励基金の助成を受けることが出来、当研究所の諸氏の協力を得て一冊にまとめることが出来ました。これらの諸氏との研究活動はその後の研究に展開でき、他の分野の先生方との交流などにも恵まれ、勉誠社（吉田祐輔編集長）から『近世大名の考古学』として刊行してまいりました。また、この研究の延長で、昨年は、指宿市の今和泉島津家墓所や鹿児島市清泉寺跡、宇和島市吉田藩伊達家墓所の調査に参画、黄檗宗の関係では、米子市了春寺、駒ケ根市小町谷家、京都府和束町正法寺の調査を実施させていただきましたが、各地の事例を見れば見るほど、これまでの自ら研究の見直しなど、新たな視点に気付かされることも多く、焦る気持に駆られ落ち着かない日々が続いています。「東奔西走」というよりは、〝悪あがき〟、と言ったほうが正解かもしれません。これは今に始まったことではなく、幼少より落ち着きがなく、ちょこちょこ動き回る性格で、親によく叱られておりました。鼠歳生まれであることも影響しているのでしょうか？性分から言うと、多分、じっと机に向かうよりは、野外での調査が似合っているのでしょう。性分はこれ以上変えようがありませんので、周囲に迷惑をおかけしないよう、研究活動を続けたいと思っています。

以前、調査で佐賀県多久市の孔子廟を訪ねた折りに、佐賀藩儒臣・草場佩川が詠んだ次ぎの詩を知りました。「路入羊腸滑石苔、風従鞋底掃雲廻、登山恰似書生業、一歩歩高光景開」。これを信じて、もっと広がる光景を探し見てみたいと思っています。そして、陶淵明は「歳月人を待たず」の後半の部分に「盛年不重来、一日難再晨、及時當勉励、歳月不待人」（人生二度とない、大いに人と交わり、酒を楽しもう）と詩っていますので、各地へ出掛けて色々な人と交わりたいと思っています。

松原典明

坂詰　席の暖まる暇も無かった活動ですね。近世大名墓をめぐる活躍、皆さんが理解していますが、近世考古学の一環として大名墓の研究の感想は？

松原　中川成夫・加藤晋平氏による「近世考古学の提唱」（「近世考古学の提唱」『日本考古学協会第三五回総会研究発表要旨』一九七〇、中川成夫『歴史考古学の方法と課題』一九八五所収）がなされて五〇年の時が既に過ぎたわけですが、この間一九八六年に江戸遺跡情報連絡会としてはじまり、二〇〇一年には江戸の考古学の成果が江戸遺跡研究会によって『図説江戸考古学研究事典』（柏書房）が刊行されました。これらによって江戸市中の庶民の日常を示す品々、大名の屋敷地の調査成果として建築や儀礼、流通に関連した品々、寺院跡調査による庶民・武家の墓、そして大名やその有縁の人々の墓の様相を把握できるようになったことは画期的な大きな成果と言えます。また、近世墓研究について、坂詰秀一先生は墓標の編年研究に加えて、下部構造の調査の必要性と重要性を喚起（「中・近世墓標研究の回顧と課題」『考古学ジャーナル』二八八号〈一九八八〉）され、自ら実践的な調査によって新視角を闡明にされています。これは現在の私の研究における方法論の要にもなっています。そして、その後の様々な調査に参画させていただいたことで、武家の葬制研究は近世武家社会構造解明の一助になり得る、と云う有用性に気づかされました。以来、大名家墓所の下部構造の解明を中心に研究をすすめています。また、一九九四「非創唱宗教考古学の課題 - 神道考古学をめぐって」（高嶌正人先生古希記念『日本古代史叢考』雄山閣・一九九四）と一九九七年「考古学と信仰」（『季刊考古学』五九、雄山閣）に、「宗教考古学」への考古学からのアプローチの必要性を示されていますが、最近になって漸く少しだけ理解できて来たところです。人間の「ココロ」を解明する方法論の確立までにはほど遠いですが、引き続き模索し、近世武家社会の解明を目指し、今の歩みを継続したいと思います。

研究対象は、「大名家の墓所」という個別具体的な対象ですが、「墓所」から学ぶことは沢山あり、近世武家の思想的な一面を探る材料としては有効であろうと考えています。

宗教史という視点から見ますと、儒教と仏教との関係や、神道と仏教、儒教との関係性について、思想史研究者による言説研究は進んでいますが、言説とは違う側面も考古学による調査研究ではありらかに出来るのではないかと思っています。実態についての検証は、考古学だけが出来得る強味であろうと思っておりますので、この点を今後進めてみたいと思います。

近世大名墓の各地の様相や、研究現状については、二〇一〇年から、滋賀県立大学の中井均先生と、袋井市の松井一明さんが中心となりすすめられてきた大名墓研究会では、各地の大名墓見学と併せて発表、討論会等が実施され各地の自治体関係者など多くの関係者らが一堂に会し、熱い意見交換が行われて参りました。その成果として『近世大名墓の成立』（二〇一四）、『近世大名墓の展開』（二〇二〇）の二冊が雄山閣から刊行されました。これらの歩みは、せっかくですから今後も継続的に続けられることを希望しています。

坂詰　それにしても一〇年間の歩みは大したものです。中井均先生をはじめ松井一明さんなどの尽力も側聞して敬意を表しています。研究の動きを私なりに眺めていると、松原さんの黄檗宗と大名の関係に着目した論が気になっています。かつて、萬福寺の塔頭宝蔵院で鉄眼の黄檗版大蔵経に納められている「仏足跡」を拝見に行ったことが思い出されます。大名と黄檗宗の関係はどうなっているのですか。

松原　最初に黄檗宗のことが気になりましたのは、池上本門寺（東京都大田区 - 日蓮宗）で、奥絵師木挽町狩野家墓所の移転に伴う調査に参画したことが切っ掛けです。狩野家の墓碑が独特で、一族全てが亀趺碑を用いています。なぜこの碑形が用いられたのか、その意識を探ることから始まりました。奥絵師という「家職」を示すために独特の形を用いたと結論付けることは簡単でした。しかし鍛冶橋狩野家祖の探幽をはじめ探幽に養子入りした益信、狩野総領家である中橋狩野家祖・安信らの京都での足跡と各狩野家同士の関係性を調べる中、彼らは、当時、日本から懇願され摂州普門寺（高槻市）に入った中国僧侶・隠元隆琦との交流に積極的で、萬福寺開基に関係した淀藩主・永井尚政や尚庸との交流や、後水尾天皇の弟として宮廷文化の発展を担った近衛信尋との親交関係も見えてきまして、親檗的な信仰が強かったことを知るに至りました。このことが切っ掛けになり、近世日本の宗教、特に仏教の展開はどの様であったのか、外来の宗派である黄檗宗の展開などを調べることなりました。

黄檗宗は、新寺造立禁止の中、天皇家・将軍家の後ろ盾を得て、全国に広く教線を拡張・展開しました。このエネルギーと背景にあった政治との関係に興味を持ち、考古学的な方法によって黄檗宗理解が出来ないだろうか、ということから、手始めに唐僧の墓様式や帰依をした各地の大名の思惟とその実態を墓所から捉えようとしました。特に帰依大名とその墓について紹介しますと。多くの大名は、黄檗宗の中国僧侶に帰依し、大陸の新しい文化に積極的に触れ、パトロンとして寺の造立も行っています。また、大名らは、思想的な影響として、自らの墓所造営で黄檗独特の塔型式を用いたことも明らかにしてまいりました。幕府の施策としての寺檀制度に抵触しないよう合理的に葬制をすすめた大名等の意識を捉えなおしてみたいと思います。今後も隠元隆琦は勿論ですが、彼の弟子である唐僧の他、印可を受けた和僧などの足跡とそれに伴う黄檗独特の文化、儀礼などについても明かにしたいと思います。このことは、近世大名における中国文化受容の実態や、以前から注視してきた儒教の受容と展開との関係、儀礼や思想の問題なども内包されていて大変複雑ですが、日本近世宗教の特徴ともいえますので大いに注視したいと思います。

坂詰　近世大名の墓制を考えるとき、従来、仏教と神道については皆さん注意してきましたが、松原さんは、儒教との関係について論文を書かれていますね。神道の流れの一つとして儒教と大名墓の関係を辿るのか、あるいは、儒教と神道と仏教との関係、三者各々把握されているのかお考えを示して下さいませんか。

松原　大名の葬制を考えてきましたが、特に遺骸をどのように埋葬したのか、という点に着目してきました。私が参画した発掘調査で確認できた大名家（有縁の人々も含めて）ほぼ全ての場合、土葬による丁寧な埋葬でした。また文献の成果などから捉えられた大名家あるいは、天皇家や公家の埋葬についても多くは同様に土葬を選択し、朱子『家礼』をテキストとして埋葬したことが明らかなってきています。大名墓の調査結果からも『家礼』に則った埋葬様式であったことを検証し、「儒葬」が実践されていたことを示してまいりました。しかし葬制という点から墓所を捉えたときには、上部構造である墓碑には「戒名」が記されたり、供養を僧侶が行うなど仏教による儀礼が一般的に執り行われるように見受けられます。寺檀制度下における合理的な葬制として多くの大名らがこれを実践したと思われるのです。この様な大名の葬制がどの様に成立するかについては、以前に遺骸の穢れとこれを払拭した吉田神道の葬制について触れたことがありました。

吉田神道一〇代兼倶（永享七年〈一四三五〉～永正八年〈一五一一〉が亡くなると、遺骸を土葬で埋葬し墓の上部に流造りの社殿を建立（京都府吉田神社内・神龍大明神）し、御霊を祀る方法を創始しました。魂魄の魂（霊）を社に祀ることで、穢れを払拭ました。豊臣秀吉や徳川家康（天海による山王一日神道〈仏教系神道〉とされていますが）、そして吉川神道で葬られたとされる保科正之も、その内実は同様な葬制として捉えています。何れも被葬者を神に祀りあげる「人神」信仰に繋がる思惟を見いだせるように思われます。さらに、吉田神道の独自の葬制は、儒教が説く「魂魄」の思惟が看取でき、この思惟が穢れの払拭を導いており、伝統的な神道による日本の祖先祭祀を改めて実践させたよう捉えています。

霊魂や魂魄の位置づけは、江戸時代の後半の平田篤胤が復古神道の思索

清水寺貫主・森清範先生揮毫の題字

において提唱していますように「社、また祠などを建て祀りたるは、其処に鎮まり坐れども然在ぬは、其墓の上に鎮まり居る」(『霊能真柱』)という思惟と、吉田神道のそれは共通する部分も見いだせるのではないかと思っています。この点今後の課題です。このことは、林家を中心とした儒家神道(山王一実)や後に神・儒・仏三教一致を唱え、儒教を取り込んだ真言を中心とした仏教系の両部神道の展開とも関わります。また黄檗宗における清規、高泉性潡の文字禅と真言律宗が目指した戒律復古・慈雲尊者などの活躍など、戒律仏教の復興という点において改めて考古学的な視角を探ってみたいと思います。

近世宗教について、これまでは「混淆」という単語で看過してきてしまっていますが、改めて考古学の視点からどの様に宗教を説明できるのか、研究を進めてみたいとも思っています。

坂詰　研究の成果は既に二冊の単著、二冊の編著により、発表されていますが、他方、主宰する石造文化財調査研究所の機関誌『石造文化財』に調査について触れられていますね。『石造文化財』は12号まで刊行され、考古・美術・文化財など各方面の研究者によって注目されています。『石造文化財』を研究所だけでなく雄山閣からも発売されていることが多くの人たちの眼に触れているのではないかと思っています。

『石造文化財』誌について語って下さいませんか。

松原　現在「石造文化財調査研究所」は、二〇〇一年発足したかつての「佛教石造文化財研究所」を二〇一一年に改称継承し、今日に至っています。

そして機関誌『石造文化財』の題字は、池上本門寺での委託調査の折、坂詰秀一顧問から清水寺貫主・森清範先生をご紹介いただき、当研究所の顧問就任をご快諾戴き揮毫していただきまして、2号から用いさせていただいております。当研究所の看板のつもりで使わせていただいております。また、森清範先生に置かれましては、日頃から顧問として研究所の方向性につきまして大所高所の見識から多くの示唆を賜っております。改めて、所員一同感謝いたしているところでございます。

当研究所は、坂詰秀一先生が創刊号の巻頭に示すように、天沼俊一氏(『石造文化財』10号「先哲の墓所「天沼俊一とその墓」二〇一八で紹介)の下で調査研究され、川勝政太郎氏(『石造文化財』12号「先哲の墓所1「川勝政太郎とその墓」二〇二〇で紹介)が提唱された「石造美術」について〝美術〟という主観的判断による位置付けではなく、考古学的な客観的方法に基づいた調査・研究による「石造文化財」として位置付ける必要性から、組織的かつ継続性のある研究所として開設されました。また、支部の設置は、各地での調査研究、委託調査などを実施するに当たり、地域的な拠点の必要性から各地の立正大学の同窓を中心とする関係者にお願いし、整備をすすめた結果、これまで包括的な研究が進められてきたと思います。

簡単に支部をご紹介しておきますと、西国では、九州(小林昭彦・吉田博嗣・豊田徹士)・四国(岡本桂典)・中国(白石祐司)・近畿(三好義三・山川公見子・森清顕)支部があり、東国では中部東海(金子浩之)・関東(磯野治司・増井有真・松原典明)支部があります。支部の所員の多くは、立正大学で坂詰秀一先生から仏教考古学や歴史考古学の薫陶受けた面々であり、隣接地域で常に連携し、全国的な様々な文化財関係の調査にも対応して参りました。

近年の主な調査では、西国全域に亘る大名家墓所の調査、四国の宇和島市大乗寺吉田藩伊達家墓所の調査など継続的に行っております。年度ごとの主な調査成果・活動は機関誌『石造文化財』通じ逐次発表しています。

坂詰　石造文化財調査研究所は、松原さんの研究所であると同時に、多数の支部の皆さんの研究の拠り所にもなっていると思います。

『石造文化財』発表の論文は、関係者にとって注目され、引用されていますね。研究所の機関誌の将来について抱負を聞かせてくださいませんでしょうか。

松原　最初に申し上げました通り、研究所は、各所員が同じ学問的な目的を共有し、取り組む場として坂詰秀一先生が開設下さったものとして、一同が深く銘記しております。

そして皆、各地で公私にわたり文化財・美術の保存活用などに携わりながら、各々、多岐に見識を深め、様々な経験から得られた知見を研究に反映させ、その成果を機関誌に発表しております。

今後も変わらぬ姿勢で継続的に調査研究をすすめ、多くの方からご叱正を戴きながら、さらなる研究所の基盤を盤石にするためにも所員一同協力してまいりたいと思います。

また、各所員は機関誌発行や調査研究を通じ、多くの学際的な先生方、国際的な交流を行っております。また、仏教考古学分野では、宗派を越えて多くの僧侶の方々に教えを請うなど、有難いご縁を戴く機会も多くございます。今後も様々な分野の方々から有益なご指導やご教示を戴きながら、「石造文化財」を資料として、考古学的な方法論による客観的な歴史叙述に務めてまいりたいと考えています。

坂詰　華甲を迎え、ますます研究が冴え渡っているようですね。これからも健康に留意して頑張ってください。

所員一同
（坂詰秀一先生喜寿の祝宴にて - 2013年1月19日：於京都・菊乃井）

森 清顕
松原典明
増井有真
三好義三
坂詰秀一先生
白石祐司
山川公見子
磯野治司
鶴田吾祐

○松原典明　経歴・著作（抄）○

年月日	学・職歴など
昭和三五年九月二六日	京都市南区出生（父・松原明代、母・松原喜多子の長男）
昭和三九年	栃木県石橋町に転居（母故郷）
昭和四〇年	栃木県下都賀郡壬生町東下台（現・元町）に転居
昭和三九年四月一日	栃木県下都賀郡壬生町立壬生小学校入学
昭和四五年三月三一日	同　小学校卒業
昭和四四年四月一日	栃木県下都賀郡壬生町立壬生中学校入学
昭和五一年三月三一日	同　中学校卒業
昭和五一年四月一日	栃木県立石橋高等学校入学
昭和五四年三月三一日	同　卒業
昭和五四年四月一日	立正大学文学部史学科入学
昭和五八年三月二五日	同　卒業
昭和五八年四月一日	立正大学大学院文学研究科考古学専攻　入学
昭和五八年七月二一日	養子縁組により松原小一郎の戸籍に入籍
昭和六一年三月三一日	同　文学研究科考古学専攻　修了
昭和六一年四月一日	東京国立博物館考古課　研究補佐員（↓昭和六三年三月三一日）
昭和六三年四月一日	東京国立博物館資料部　事務補佐員（↓平成元年五月三一日）
平成元年一月六日	南多摩窯跡群東京造形大学遺跡調査団　調査員（↓平成二年二月三日）
平成元年九月四日	養子縁組により松原小一郎の戸籍から松原宣の戸籍に入籍
平成二年二月四日	南多摩窯跡群山野学苑校地内遺跡調査団　主任調査員（↓平成四年三月三一日）
平成三年四月一日	立正大学大学院文学研究科博士後期課程　入学
平成四年四月一日	立正大学熊谷校地内遺跡調査室　調査員（↓平成九年九月三日）
平成四年五月二二日	竹内昇右・洋子の次女幸子と結婚
平成四年五月	品川区遺跡調査会　主任調査員（↓平成六年三月三一日）
平成六年三月三一日	立正大学大学院文学研究科博士後期課程　中退
平成九年九月四日	東大和市市史編纂室　調査員（↓平成九年三月三一日）
平成九年八月二七日	瓦谷戸窯跡群確認調査（↓平成九年九月一一日）

平成一〇年一〇月二日	都内遺跡調査会瓦谷戸窯跡群調査　主任調査員（↓平成一一年九月三〇日）
平成一一年四月一日	古代學研究所東京支所　非常勤助手（↓平成一六年三月三一日）
平成一三年四月二日	池上本門寺近世大名家墓所調査団　主任調査員（↓平成一四年三月三一日）
平成一四年一一月二七日	池上本門寺奥絵師狩野家墓所調査団　主任調査員（↓平成一六年三月三一日）
平成一五年四月	伊東市市史編纂・地域支部会専門委員（↓平成一八年三月三一日）
平成一六年四月一日	芳心院殿墓所及び堤方権現台古墳調査団　主任調査員（↓平成二五年一〇月）
平成一七年四月一日	古代學研究所東京支所　非常勤講師（↓平成一八年三月三一日）
平成一六年七月一日	立正大学史学会評議員（↓平成二五年六月三一日）
平成一六年四月一日	立正大学文学部非常勤講師（考古学〈通年〉）　勤務（↓平成一七年三月）
平成一七年四月一日	立正大学文学部非常勤講師（博物館館務実習〈2単位〉・考古学〈通年〉）（↓平成一八年三月）
平成一八年四月一日	立正大学文学部非常勤講師（考古学〈通年〉・博物館実習Ⅰ〈考古2単位〉・博物館実習Ⅴ〈情報B通年〉）（↓平成一九年三月）
平成一九年四月一日	立正大学文学部非常勤講師（考古学〈4単位通年〉・博物館実習Ⅴ〈情報通年〉）（↓平成二〇年三月）
平成二〇年四月一日	立正大学文学部非常勤講師（文化史〈熊谷・4単位通年〉・博物館実習Ⅴ〈情報A通年〉）（↓平成二一年三月）
平成二一年四月一日	立正大学文学部非常勤講師（博物館実習Ⅰ〈考古A通年〉・博物館実習Ⅴ〈情報A2通年〉）（↓平成二二年三月）
平成二一年一〇月	盛岡市教育委員会　宿田南経塚（礫石経）の現地指導
平成二一年一一月	財団法人長野県文化振興事業団長野県埋蔵文化財センター調査・観音平経塚（坂城町所在）の遺物について整理助言
平成二四年七月八日	武蔵野文化協会会員から評議員
平成二五年七月一日	東大和市文化財専門委員（～現在）
平成二六年八月一日	国分寺市文化財調査専門委員（↓平成二七年七月三〇日）
平成二六年九月一日	彦根市　史跡彦根藩主井伊家墓所（清涼寺・永源寺墓所）保存管理計画策定委員会　委員（↓平成二九年三月三一日）
平成二七年二月三日	佐賀県教育委員会　西九州自動車道建設に係る文化財調査で伊万里市脇田の脇田韓人墓調査指導（↓平成二七年二月四日）
平成二七年五月一日	竹田市岡藩主中川家墓所調査整備委員会　委員（↓令和元年三月三一日）
平成二八年七月一八日	武蔵野文化協会評議員から理事
平成二八年九月二九日	鹿児島市教育委員会・鹿児島市清泉寺跡現地調査指導（↓平成三〇年二月二四日）
平成二八年八月三日	諏訪市　高島藩主諏訪家墓所保存活用計画素案検討部会　委員（↓現在）
平成二八年六月二二日	品川区教育委員会　城南小学校所在遺跡発掘調査指導委員会指導委員（↓平成三〇年三月三一日）
平成二八年一二月一〇日	一般社団法人日本考古学協会　二〇一七年度新入会員資格審査委員
平成三〇年五月三〇日	武蔵野文化協会評議員から常任理事（↓現在）
平成三〇年七月二日	指宿市教育委員会依頼により今泉島津家墓所視察
平成三〇年九月二十五日	宗教法人泉岳寺　浅野長矩墓及び夫人墓保存修理委員会委員（↓令和三年三月末）
令和元年六月六日	神奈川大学・非文字資料研究センター第七（田上繁先生）班研究調査「中世景観復元学の試み‐北九州市若松区惣牟田集落を事例として」に参画
令和元年五月一〇日	観光考古学会設立・理事（↓現在）

令和二年二月八日	津山市泰安寺・県指定史跡津山藩主松平家墓所の調査見学
令和二年二月八日	神奈川大学・非文字資料研究センター第七（田上繁先生）班研究調査「中世景観復元学の試み - 北九州市若松区惣牟田集落を事例として」に参画
令和二年八月	宇和島市教育委員会・宇和島市吉田町妙心寺派専門道場大乗寺伊予吉田藩伊達家墓所整備事業　統括として参画（→現在）

主な発表・講演など

発表年・日	演題など
平成一〇年一一月二八日	稲城市教育委員会主催瓦谷戸窯跡遺跡展示記念講演（稲城市中央公民館）「瓦谷戸窯跡の調査」
平成一六年九月二二日	江戸遺跡研究会第九七回例会「近世大名家墓所と奥絵師狩野家墓所の調査概要 - 池上本門寺の大名墓の調査事例を中心として」（江戸東京博物館学習室）
平成一八年一一月一九日	稲城市教育委員会・郷土資料室主催市民講座　講師「瓦谷戸窯跡の操業年代と武蔵国分寺の造営事情」（ふれんど平尾1階市民ホール）
平成一九年七月二八日	日本文化財保護協会主催埋蔵文化財調査士補　指定講習講師（「発掘調査と記録方法の基礎」）
平成一九年九月一日	日本文化財保護協会主催埋蔵文化財調査士補　検定試験問題作成（択一一〇問・記述一問）
平成一九年七月二七日	日本文化財保護協会主催埋蔵文化財調査士補　指定講習講師（「発掘調査と方法と目的」）
平成一九年八月三〇日	日本文化財保護協会主催埋蔵文化財調査士補　検定試験問題作成（択一一〇問・記述一問）
平成一九年一一月一一日	日蓮宗教学研究発表大会　研究発表「池上本門寺と大名家墓所の調査」（立正大学）
平成一九年一一月一一日	品川区立品川歴史館主催特別展記念シンポジューム『東京の貝塚を考える』報告「E・Sモースと大森貝塚の調査」（品川歴史観）
平成二一年六月一三日	品川区立品川歴史館主催文化講演会／東国古代学の会共催『古代大井駅を探る』「東京の古代道路－遺跡から古代大井駅を探る－」
平成二二年七月二日	部科学省グローバルCOEプログラム国際学術フォーラム『陵墓からみた東アジア諸国の位相―朝鮮王陵とその周辺』高麗大学・関西大学文化交渉学教育研究拠点共催―研究発表「近世王権の墓制とその歴史的脈絡」（韓国高麗大学）
平成二二年七月三一日	身延山大学身延公開講座　講演「釈迦の遺跡を掘る」（身延町総合文化会館）
平成二二年一〇月一〇日	立正大学考古学フォーラム『近世大名家墓所調査の現状と課題』研究発表「愛知県深溝松平家の墓所」（立正大学）
平成二三年一二月一〇日	鳥取県教育委員会・大名墓研究会共催　第三回大名墓研究会基調講演「大名家墓所の歴史的価値と魅力」（とりぎん文化会館　第1会議室）
平成二三年一二月一一日	日本仏教総合研究会　第一〇回大会研究発表「近世武家社会の葬制について」（関西大学）
平成二四年一一月三〇日	日蓮教学研究所　第五二回仏教講座　講師「近世大名の葬制について」（立正大学）
平成二五年一〇月二〇日	第五回大名墓研究会「考古学資料から見た大名墓の成立」（日比谷図文化館）
平成二六年二月一六日	「大名墓から見た品川区」（東京都遺跡調査・研究発表会公開講演、東京都教育委員会・品川区教育委員会・（公財）東京都スポーツ文化事業団・東京都埋蔵文化財センター共催・品川区立五反田文化センター）
平成二七年四月七日	公益財団法人高梨学術奨励基金特定研究助成　平成二六年度特定助成進捗報告「近世大名葬制の基礎的研究

主な発表・講演など

発表年・日	演題など
平成二七年二月二二日	武蔵野文化協会公開講座「武蔵野の板碑～研究最前線～」で発表「板碑の地域的特性」
平成二七年一〇月三一日	第三回恵林寺講座「近世武家社会の女性の墓」（山梨県塩山市・臨済宗妙心寺派　恵林寺）
平成二七年一一月一日	第七回大名墓研究会　総括発表「四国の近世大名墓」（宇和島市役所二階ホール）
平成二八年二月二七日	竹田市教育委員会・中川家墓所保存修理報告会「天空に眠る藩主中川久清～大船山を愛した入山公」の講演「最新大名墓研究から読み解く天空の入山公」（竹田市久住公民館・豊後大野市豊田徹士氏と）
平成二八年三月二〇日	武蔵野文化協会創立百周年記念公開講座「大名墓研究の現状」
平成二八年四月二三日	第八回中世葬送墓制研究会資料『中世墓の終焉を考える‐板碑の終焉を通じて‐』発表「神奈川県の板碑の終焉」（研究会会場：クラブツーリズム株式会社一三階A会議室）
平成二八年六月一八日	黄檗文化研究会　発表「黄檗宗寿蔵覚書‐考古学的な視点から‐」（京都市宇治・萬福寺文華殿ホール）
平成二八年七月八日	関西大学東西学術研究所 東アジア宗教儀礼研究班研究例会発表「近世大名家墓所から読み解く祖先祭祀」（関西大学千里キャンパス児島惟謙館第一会議室）
平成二八年一〇月三〇日	第八回大名墓研究会　発表「東海の近世大名の江戸と国元の墓～成立をめぐって」（掛川市・大日本報徳社大講堂）
平成二九年二月一八日	品川歴史館歴史講座『考古学から語る品川の歴史』第二回講師「品川区の大名墓と江戸文化」
平成二九年三月一八日	日出町教育委員会　日出藩三代藩主木下俊長公没後三百年歴史講演会「近世大名墓の世界ー日出藩木下家墓所の歴史的位置付けと活用ー」
平成二九年一〇月二九日	第九回大名墓研究会　基調報告「中国・韓国の儒教墓が近世大名に与えた影響」（諏訪市博物館エントランスホール）
平成三〇年一〇月一四日	第一〇回大名墓研究会　発表「大名墓の埋葬主体部と副葬品」（岡山市・就実大学）
平成三〇年一一月二〇日	愛媛SCM講演会（Summit of Creative Manager 21）「墓から読み解く近世大名の思惟と実践～近世の宗教社会の解明を目指して～」（東京第一ホテル松山）

主な著作

種別	表題	文献名	発行所	発行年
単著		『近世宗教考古学の研究』	雄山閣	平成二一年
単著		『近世大名葬制の考古学的研究』	雄山閣	平成二四年
編著	公益財団法人高梨学術奨励基金特定研究助成成果報告書	『近世大名葬制の基礎的研究』	雄山閣	平成三〇年
編著		『近世大名墓の考古学』	勉誠出版	令和二年
共著	「古銭一覧」他	『日本考古学小辞典』	ニュ―サイエンス社	昭和五八年
共著	「瓦」	『歴史考古学の問題点』	近藤出版	平成二年
共著	「〈調査概報〉大丸・瓦谷戸窯跡の発掘調査」	『稲城市文化財紀要』二	稲城市教育委員会	平成一一年
共著	『東山道武蔵路の調査研究』〈坂詰秀一先生と共編〉		古代學研究所研究報告第六輯	平成一三年
共著		『仏教考古学事典』	雄山閣	平成一五年

主な著作

種別	表題	文献名	発行所	発行年
共著	『深溝松平家墓所と瑞雲山本光寺』		瑞雲山本光寺	平成二三年
共著	「第五章　石塔から見た中・近世の伊東」	伊東市史調査報告第二集『伊東市の石造文化財』	伊東市教育委員会	平成二一年
共著	「中世の石塔と伊東の歴史」	『図節　伊東の歴史』	伊東市教育委員会	平成二一
共著	「近世大名家墓所調査の回顧と諸問題」「大名家墓所の成立と系譜」	『近世大名墓所要覧』4	ニューサイエンス社	平成二二年
共著	「石造文化財の調査」他	『石造文化財への招待』5	ニューサイエンス社	平成二三年
共著	「富山県の板碑」	『板碑の総合研究』資料編	柏書房	昭和五八年
共著	「福井県の板碑」	『板碑の総合研究』資料編	柏書房	昭和五八年
共著	「近世葬制における神・儒・仏それぞれの墓」「対談　近世大名家墓所を語る」「近世大名墓調査の一視点」「大名墓主要文献紹介（抄）」	季刊考古学　別冊二〇『近世大名墓の世界』	雄山閣	平成二五年
共著	「考古資料から見た近世大名墓の成立」	『近世大名墓の成立』	雄山閣	平成二六年
共著	「近世大名家墓所から読み解く祖先祭祀」	アジア遊学206『宗教と儀礼の東アジア』	勉誠出版	平成二九年
共著	「近世大名の墓碑と思惟」	『季刊考古学』第149	雄山閣	令和元年
共著	「近世大名家墓所の本質を考える」	『葬送・墓・石塔』	狭川真一さん還暦記念会	令和元年
共著	「第四節 中世石造塔と伊東氏・宇佐美氏」	『伊東の歴史』1（伊東市史・通史編）	伊東市史編集委員会	
共著	「副葬品から見た近世大名墓の宗教性～金属製銘板を中心として～」	『近世大名墓の展開』	雄山閣	令和二年
共著		『新日本考古学事典』	ニューサイエンス社	令和二年
論文	「国分寺市出土の長禄二年銘の板碑」	『東京考古』5	東京考古談話会	昭和六二年
論文	「六十六部聖の奉納経筒にみる規格性について」	『MUSEUM』460	東京国立博物館	平成元年
論文	「礫石経研究序説」	『考古学論究』3号	立正大学考古学会	平成六年
論文	「礫石経の諸相ー特に中世墳墓出土例を中心として」	『立正考古』33	立正大学考古学研究会	平成七年
論文	「経典埋納と墳墓」	『立正史学』78	立正大学史学会	平成七年
論文	「下野五輪塔考」	『考古学の諸相』Ⅰ	坂詰秀一還暦記念会	平成八年
論文	「塚をつくること」	『季刊考古学』59	雄山閣	平成九年
論文	「文化財アラカルトー瓦谷戸窯跡と馬の線刻画」	『東京の文化財』78	東京都教育委員会	平成一〇年
論文	「中世から近世への伝言」	『東大和市史資料編』6	東大和市史編纂室	平成一〇年
論文	「出土仏具ー東京」	『考古学論究』5	立正大学考古学会	平成一一年
論文	「馬が描かれた窯」	『考古学論究』7	立正大学考古学会	平成一二年

種別	表題	主な著作 文献名	発行所	発行年
論文	「いにしえ人からの伝言」	『東大和市史』通史編	東大和市史編纂室	平成一二年
論文	「東山道武蔵路と八国山ルート」	『多摩のあゆみ』103号	たましん地域文化財団	平成一三年
論文	「湯河原成願寺の調査」	『石造文化財』1	雄山閣	平成一三年
論文	「塔婆形狭座間を有する石塔類について」	『石造文化財』1	雄山閣	平成一三年
論文	「近世大名家墓所と奥絵師狩野家墓所の調査概要 - 池上本門寺の大名墓の調査事例を中心として - 」	『江戸遺跡研究会会報』No.九八	江戸遺跡研究会	平成一六年
論文	「石塔から見た近世初期日蓮宗における造塔事情」	『石造文化財』二	雄山閣	平成一八年
論文	「戦国期の同型式石造物からみた宗教事情」	『考古学の諸相』II	坂詰秀一古希記念会	平成一八年
論文	「滑石経と礫石経」	『季刊考古学』99	雄山閣	平成一九年
論文	「最近の発掘から - 木棺直葬の主体部から馬具 - 東京都堤方権現台古墳」	『季刊考古学』101号	雄山閣	平成一九年
論文	「石造塔婆研究の現状と今後の視点」	『考古学ジャーナル』573	ニューサイエンス社	平成二〇年
論文	「瓦生産から見た武蔵国分寺の造営事情」	『多知波奈の考古学』	上野恵司追悼祈念会	平成二〇年
論文	「瓦谷戸窯跡の操業年代と武蔵国分寺の造営事情」	『稲城市文化財研究紀要』第8号	稲城市教育委員会	平成二〇年
論文	「E･Sモースと大森貝塚の調査」	『東京の貝塚を考える』	雄山閣	平成二〇年
論文	「大名家墓所調査の回顧と研究課題」	『考古学ジャーナル』589	ニューサイエンス社	平成二一年
論文	「大名家墓所の成立と系譜」	『考古学ジャーナル』595	ニューサイエンス社	平成二二年
論文	「東京の古代道路-遺跡から古代「大井駅」を探る」	『品川歴史館 紀要』第25号	品川区歴史館	平成二二年
論文	「近世葬制と儒教受容」	『芙蓉峰の考古学』	立正大学考古学会	平成二二年
論文	「近世大名家喪禮実践の歴史的脈略」	『石造文化財』3	雄山閣	平成二三年
論文	「写真史からみた近代化と文化財の保護」	『石造文化財』3	雄山閣	平成二三年
論文	「近世王権における墓制と歴史的脈略」	近刊予定	関西大学	平成二三年
論文	「近世大名墓の歴史的価値とその魅力」	第三回『大名墓研究会レジュメ』	鳥取県	平成二三年
論文	「石塔造立からみた三浦為春とその信仰」	『石造文化財』4	雄山閣	平成二三年
論文	「近世武家社会における葬制について - 藤堂高久の葬送と喪礼 - 」	『日本仏教総合研究』10	日本仏教総合研究会	平成二四年
論文	「石塔造立と災害」	『石造文化財』5	雄山閣	平成二四年
論文	「木津川洪水の碑」	『石造文化財』5	雄山閣	平成二四年
論文	「現代考古学事情 11 - 近世大名墓の保存と管理」	『考古学ジャーナル』625	ニューサイエンス社	平成二四年
論文	先哲の墓所（二）「国指定史跡・林氏墓地の実測調査」	『石造文化財』5	雄山閣	平成二四年
論文	「近世大名墓に見る東アジア葬制・習俗の影響」	『考古学の諸相』III	坂詰秀一喜寿記念会	平成二五年
論文	「釈尊の足跡 池上要靖 著 釈尊の遺跡を掘る」	『インドの大地と仏教』（身延山大学教養選書1）	身延山大学	

種別	表題	主な著作 文献名	発行所	発行年
論文	「墓所造営に示されたアイデンティティー」	『石造文化財』6	雄山閣	平成二六年
論文	「木内石亭の交流と墓碑」	『石造文化財』6	雄山閣	平成二六年
論文	「品川・東海寺所在石櫃とその被葬者「岡山夫人」」	『品川歴史館研究紀要』第30号	品川区立品川歴史館	平成二七年
論文	「近世大名家墓と墓誌」	『石造文化財』7	雄山閣	平成二七年
論文	「四国の近世大名墓」	『第七回大名墓研究会レジュメ』	大名墓研究会	平成二七年
論文	公益財団法人高梨学術奨励基金特定研究助成 平成二六年度特定助成進捗報告「近世大名葬制の基礎的研究	『公益財団法人高梨学術奨励基金年報』(平成二七年度)	公益財団法人高梨学術奨励基金	平成二八年
論文	「近世大名家墓所から見たアイデンティティーの形成」	『日本考古学』第41号	吉川弘文館	平成二八年
論文	「近世大名墓の保存と活用」	『考古学ジャーナル』690	ニューサイエンス社	平成二八年
論文	「土佐南学の墳墓様式から神道墓所様式の成立についての予察」	『石造文化財』8	雄山閣	平成二八年
論文	「東海の近世大名の江戸と国元の墓~成立をめぐって」	『第八回大名墓研究会レジュメ』	大名墓研究会	平成二八年
論文	「中国・韓国の儒教墓が近世大名に与えた影響」	『第九回大名墓研究会レジュメ』	大名墓研究会	平成二九年
論文	「日出藩主木下家墓所造営とその背景」	『石造文化財』9	雄山閣	平成二九年
論文	公益財団法人高梨学術奨励基金特定研究助成 平成二七年度特定助成進捗報告「近世大名葬制の基礎的研究	『公益財団法人高梨学術奨励基金年報』(平成二八年度)	公益財団法人高梨学術奨励基金	平成二九年
論文	公益財団法人高梨学術奨励基金特定研究助成 平成二七年度特定助成進捗報告「近世大名葬制の基礎的研究	『公益財団法人高梨学術奨励基金年報』(平成二九年度)	公益財団法人高梨学術奨励基金	平成三〇年
論文	「高玄岱の思惟と実践-父母雙髪凾墓誌と木製亀趺碑造立から-」	『石造文化財』10	雄山閣	平成三〇年
論文	「大名墓の埋葬主体部と副葬品」	『第10会大名墓研究会レジュメ』	大名墓研究会	平成三〇年
論文	「三田藩九鬼家墓所の形成と藩主の思惟」	『石造文化財』11	雄山閣	令和元年
論文	「近世大名の墓碑と思惟」	『季刊考古学』149号	雄山閣	令和元年
論文	「大名墓に見る宗教の複数性-吉川惟足を通してみた弘前藩・黒石藩津軽家の葬制から-」	『歴史・民俗・考古学論攷』(Ⅰ・Ⅱ・Ⅲ)	大阪郵政考古学会・辻尾榮一氏古希記念会論攷刊行会	令和元年
論文	「近世大名家墓所の本質を考える」	『葬送・墓・石塔』	狭川真一さん還暦記念会	令和元年
論文	「特に竹森清左衛門貞清家関連遺跡及び石塔・碑について」	神奈川大学・非文字資料研究センター	「中世景観復元学の試み-北九州市若松区惣牟田集落を事例として」非文字資料研究センタ-第七(田上繁)班研究調査	令和元年
論文	「特に北九州市若松区大字小石字惣牟田及び周辺地の石垣調査」	神奈川大学・非文字資料研究センター	「中世景観復元学の試み-北九州市若松区惣牟田集落を事例として」非文字資料研究センタ-第七(田上繁)班研究調査	令和二年
論文	「日本黄檗最初の寺・海福寺とその展開」	『石造文化財』12	雄山閣	令和二年

主な著作

種別	表題	文献名	発行所	発行年
論文	「大名墓の発掘と文化財クライシス」	『考古学ジャーナル』746	ニューサイエンス社	令和二年
書評	安藤孝一編『経塚考古学論攷』〈三宅敏之〉岩田書院	『考古学ジャーナル』619	ニューサイエンス社	平成二三年
書評	寛永寺谷中徳川家近世墓所調査団編『東叡山寛永寺徳川将軍家御裏方霊廟』吉川弘文館	『考古学ジャーナル』629	ニューサイエンス社	平成二四年
書評	狭川真一・松井一明 編『中世石塔の考古学：五輪塔・宝篋印塔の形式・編年と分』高志書院	『季刊考古学』121号	雄山閣	平成二四年
新刊紹介	今野春樹著『徳川家の墓制：将軍家・御三家・御三卿の墓所構造』北隆館	『考古学ジャーナル』650	ニューサイエンス社	平成二五年
調査報告	『南河原坂第四遺跡調査概要』		立正大学考古学研究室	昭和五九年
調査報告	『武蔵大井鹿島遺跡』		立正大学考古学研究室	昭和六〇年
調査報告	東京造形大学校地の窯業遺跡	『東京の遺跡』28	東京考古談話会	平成二年
調査報告	『居木橋遺跡3』		品川区教育委員会	平成二年
調査報告	『居木橋遺跡4』		品川区教育委員会	平成三年
調査報告	『大森貝塚―平成5年度確認調査概報』		品川区教育委員会	平成四年
調査報告	『南多摩窯跡群―山野美容短期大学校地内における古代窯跡の発掘調査報告書』		山野学苑埋文調査団	平成四年
調査報告	『池田山遺跡4』		品川区教育委員会	平成四年
調査報告	『大井鹿島遺跡2』		品川区教育委員会	平成四年
調査報告	『居木橋遺跡5』		品川区教育委員会	平成四年
調査報告	「南河原坂窯跡群」	『土気南遺跡群Ⅶ』	財団法人千葉市文化財調査協会	平成六年
調査報告	「大椎第Ⅰ遺跡（廃寺の報告）」	『土気南遺跡群Ⅵ』	財団法人千葉市文化財調査協会	平成六年
調査報告	「瓦谷戸窯跡」	『東京都の遺跡』	東京都教育委員会	平成九年
調査報告	『瓦谷戸窯跡の発掘調査概要』		稲城市教育委員会	平成九年
調査報告	『平成一〇年度・東京都特別調査　道路遺構等確認調査報告書』	第一～四章	東京都教育委員会	平成一〇年
調査報告	『東京都稲城市瓦谷戸窯跡群発掘調査報告書』		稲城市教育委員会	平成一一年
調査報告	「瓦谷戸窯跡の調査概要」	『東京の遺跡』	東京考古談話会	平成一一年
調査報告	「信濃の牧」	『東国古代學』2	古代學研究所東京支所	平成一一年
調査報告	『道路遺構等確認調査報告』古代學研究所東京支所著		東京都教育委員会	平成一二年
調査報告	「東京都特別調査の平成一〇・一一年度調査概要」	『東国古代學』3	古代學研究所東京支所	平成一二年
調査報告	『池上本門寺　近世大名家墓所の調査』		池上本門寺	平成一四年
調査報告	『池上本門寺　奥絵師狩野家墓所調査の調査』		池上本門寺	平成一六年

主な著作

種別	表題	文献名	発行所	発行年
調査報告	『Lumbini』マヤ堂の考古学的調査（「遺物」）		（財）前日本仏教会	平成二〇年
調査報告	『天下長久山国土安穏寺・貞龍院殿妙經日敬大姉墓所の調査』		天下長久山国土安穏寺	平成二一年
調査報告	「伊東市の石造物」	『伊東市市の石造物』	伊東市	平成二一年
調査報告	『不変山永寿院・芳心院殿明英日春墓所の調査』		雄山閣	平成二一年
調査報告	編著『不変山永寿院 武蔵堤方権現台遺跡』		雄山閣	平成二五年
調査報告	第五章考察第五節「今和泉島津家の墓所形成と藩主の思惟」	『今和泉島津家墓地埋蔵文化財発掘調査報告書』	指宿市教育委員会	平成三一年
調査報告	（5）解体工事に伴う現状御確認調査についての所見	『国指定史跡 浅野長矩墓および赤穂義士墓 浅野長矩墓及び夫人墓保存修理事業報告書』	宗教法人泉岳寺	令和三年

主な調査

調査参加期間	遺跡名（又は調査名称）	遺跡所在地	調査機関名	参加時職名	業務
一九八二年一二月～一九八二年一二月	龍正院窯跡	千葉県滑川市	立正大学考古学研究室	調査員	調査補助
一九八二年七月三〇～一九八二年一〇月二一日 一九八三年八月二〇日～一九八三年一〇月八日	南河原坂窯跡	千葉県土気市	立正大学考古学研究室	調査員	調査補助
一九八三年一二月～一九八三年一二月三〇日	安房・華房蓮華寺跡	千葉県鴨川市	立正大学考古学研究室	調査補助員	調査補助
一九八一年一〇月～一九八八年一〇月	大椎廃寺	千葉県土気市	立正大学考古学研究室	調査員	調査補助
一九九二年4月～一九九七年3月	立正大学熊谷校地内遺跡	埼玉県熊谷市	立正大学考古学研究室	主任調査員	統括
一九八九年一月～一九九〇年三月	南多摩東京造形大学窯跡	東京都八王子市	南多摩造形大学窯跡調査団	調査員	調査補助
一九九〇年三月～一九九二年四月	南多摩山野学園窯跡	東京都八王子市	南多摩山野学園窯跡調査団	主任調査員	統括
一九九三年七月～一九九三年八月	大森貝塚	東京都品川区	品川区遺跡調査会	主任調査員	統括
一九九四年六月～一九九四年八月	熊谷校地内遺跡	埼玉県熊谷市	立正大学熊谷校地遺跡調査室	主任調査員	統括
一九九五年一〇月～一九九六年二月	熊谷校地内遺跡	埼玉県熊谷市	立正大学熊谷校地遺跡調査室	主任調査員	統括
一九九七年九月～二〇〇〇年一二月	瓦谷戸窯跡	東京都稲城市	都内遺跡調査会	主任調査員	統括
一九九八年七月～二〇〇〇年三月	東京都特別調査 - 道路遺構確認調査	東京都国分寺市他	古代学協会・古代學研究所(東京支所)	主任調査員	統括
二〇〇一年四月～二〇〇四年三月	池上本門寺大名墓家墓所	東京都大田区池上	近世大名墓調査団	主任調査員	統括
二〇〇七年一月～二〇〇七年三月	国土安穏寺貞龍院殿墓所	東京都足立区島根	近世大名墓調査団	主任調査員	統括

主な調査

調査参加期間	遺跡名（又は調査名称）	遺跡所在地	調査機関名	参加時職名	業務
二〇〇四年三月～二〇〇八年九月	不変山永寿院芳心院殿墓所	東京都大田区池上	芳心院殿墓所調査団	主任調査員	統括
二〇〇八年一〇月～二〇一二年七月	武蔵・堤方権現台古墳	東京都大田区池上	権現台古墳調査団	主任調査員	統括
二〇一四年五月二八日～六月三〇日	品川区法禅寺板碑・宝篋印塔・五輪塔・遺墳碑・萬霊塔・枯骨之塔追加指定調査	東京都品川区	品川区教育委員会	主任調査員	統括
二〇一四年六月一八日・七月一八日	品川区東海寺蔵三万谷家監物女清浄院（岡山夫人）石櫃	東京都品川区	品川区教育委員会	主任調査員	統括
二〇一八年一〇月～二〇二〇年四月	済海寺久松家墓所調査	東京都港区	久松家	主任調査員	統括
二〇二〇年八月一七日～二〇二〇年一一月	宇和島市伊予吉田藩伊達家墓所調査	宇和島市吉田大乗寺	大乗寺	主任調査員	統括

主な助成

助成期間	助成名	刊行名	助成
平成一四年四月一日～平成一七年三月三一日	第三〇期公益財団法人高梨学術奨励基金研究助成「「牧」の考古学的調査・研究」		公益財団法人高梨学術奨励基金
平成二六年四月一日～平成二九年三月三一日	公益財団法人高梨学術奨励基金特定研究助成（複数年度助成）「近世大名葬制の基礎的研究」		公益財団法人高梨学術奨励基金
平成二九年四月一日～平成三〇年三月三〇日	公益財団法人高梨学術奨励基金平成二九年度刊行助成	『近世大名葬制の基礎的研究』雄山閣 平成三〇年三月一〇日刊行	公益財団法人高梨学術奨励基金
令和三年五月三一日～令和四年三月三一日	近世大名家葬制と祖先祭祀～神儒仏の受容とその変化～		一般財団法人冠婚葬祭文化振興財団

対談　三好義三さん、近世墓標研究を語る

三好義三　VS　石造文化財調査研究所　松原典明
（於：オンライン二〇二一・一・二七）

松原　この度は、ニューサイエンス社から考古学調査ハンドブック21『近世墓標』（令和三年一月二〇日発行）を上梓されましておめでとうございます。これから、三好さんのこれまでの近世墓標研究や今回のご著書刊行までにおけるご苦労や視角についてお伺いしたいと思います。

三好　ありがとうございます。こうして、上梓できたのは、学生時代にご指導をたまわり、以降も引き続きご教授をいただいています坂詰秀一先生から機会をいただいたことによるものです。まず以て、坂詰先生にお礼を申し上げさせていただきます。

拙著の「おわりに」にも記させていただいたのですが、卒業時に恩師の坂詰先生から、「近世墓標というテーマは、「どこでも、誰でも、いつでも」できる研究なので、ライフワークとして取り組んでください」というお声がけをいただきました。まさに、それから三〇年以上、坂詰先生から論考等の発表の機会を与えていただくなど、細々でも継続することができました。拙著はその成果です。

松原　今回のご著書で、全国的な視点から近世墓標を集成される当たり、どの様な点がご苦労でしたか。

三好　お恥ずかしいことですが、著作のお話をいただいてから刊行まで相当の月日を要してしまいました。

学生時代に近世墓標に取り組み、卒業以降も関係する論考や調査報告書などの資料については、管見に入れば、適宜入手しておりました。拙著をまとめるにあたり、まず研究史をあらためて確認する必要があると思い、関係資料を悉皆的に収集し始めました。三〇年間のブランクは大きいものでした。とりわけ、拙著で「新展開期」として位置付けた二〇〇〇年以降は、それまで関東地方や近畿、九州のみに留まっていた調査が、東北地方や北海道、北陸などにおいても実施され、地域的な拡大が見られるようになっていたのですが、その多くが管見に入っていませんでした。さらに、松原典明さんの儒教思想に基づいた墓標研究のように、新たな視点からの研究が急激に増えており、こうした研究成果を把握することに難渋しました。正直、脱稿後に気づいた文献もいくつかあった次第です。

松原　実際の現地における近世墓標調査について、その方法や、野外で調査を行う以前の事前の調査などのご苦労も多かったかと思いますが、そ

の点についてお話しいただけませんか。

三好　私が学生の頃と比べると、カメラなどの機器を随分安価で入手できるようになりました。

関口慶久先生は、自身の調査において、ビデオカメラを駆使したと記されています。遠方の調査などで、時間を短縮したい場合は有効だと思います。

最近では、自身が調査しようとするフィールド（地域）を決めると、インターネット上で公開されている衛星写真を見て、墓地を探し、その墓地が整然と区画されているか、集積された無縁墓があるかなどの状況を確認しています。そして、区画されており、無縁墓群も見当たらない場合は、近世の墓標は既に整理されている可能性が高いことから、このような状況にない墓地から優先的に訪れるようにしています。この方法の欠点は、墓地が山中などに所在していた場合、写真に写らないことです。このため、その地域で聞き取りを行うなどして補完することが必要です。

「いつでも、どこでも、誰にでも」の観点から、私のカバンには、小型のデジタルカメラ、コンベックス、ペンライトを入れています。電車の待ち時間などを活用して、近くの墓地を訪れることが多々あります。特徴的な墓標が存在していたときや気になった事項があれば、適宜メモしてきています。悉皆調査ができている場合は別ですが、過去に何度も訪れたことのある墓地でも、別の視点で見ると、新たな気づきが多くあります。その気づきを貯めておくことが大事なことではないかと思っています。

松原　大学生のころから各地で精力的な調査を実施されてこられて、近世墓標における地域的な特徴や、共通性など興味深い例があれば紹介してください。

三好　「地域性」「共通性」として、思い浮かんだのは、「出現期の非塔形墓標」、「櫛形（位牌形）墓標」や「兜形《かぶとがた》墓標」の地域性と斉一性」が挙げられます。

まず、「出現期の非塔形墓標」は、顕著な地域性が見られます。近世墓標は、概ね一八世紀前半頃に櫛形《くしがた》が全国で一斉に普及するとされています。この櫛形の普及以前は、地域により様々な形態が建立されています。江戸や関東周辺では、「板碑形」と呼ばれる尖頭舟形を呈する形態（図1）が一般的です。これに対して、相模西部から静岡県や山梨県にかけての地域では、「屋根一体型」（図2）と呼ばれる形態が、東海地方西部では「伊勢湾型」（図3）が、福井から富山県にかけての北陸地方では「唐破風《からはふう》屋根付墓標」（図4）が当該時期に造立されています。また、近畿地方では、奈良盆地周辺において「背光型五輪塔」（図5）が中世末から連続して存在し、泉州地域では尖頭駒形や笠付墓標が当該時期の墓標として見られます。

このように、出現期の非塔形墓標には、地域性が顕著です。こうした地域性について分析や考察を進めることは、今後の課題として挙げられます。

一方、櫛形墓標については、一八世紀前半頃に全国的に普及することから、その斉一的な形態として捉えられています。頭部が丸味を帯びた円弧状を呈していることから、こうした呼称が付いています。些細なことですが、この頭部の形状で大きく二タイプに分けることができるのではないかと思っています。一つは、頂部の円弧の始まりと側面との接点に明らかな稜線が入り、頂点は丸味を帯びた形状（図6）を呈するもの。いま一つは、側面と頂部との間に稜線を有せず、側面から緩やかに弧を描き、頂点は平らに近い形状（図7）のものです。正確なデータを以て分析していませんので、あくまでも傾向として捉えるにとどまるのですが、近畿地方や四国、北陸などは前者が一般的で、関東や甲信地方は後者が主流ではなかと思われます。私は前者を「関西系櫛形」、後者を「関東系櫛形」と仮に呼称しています。

さらに、兜形墓標についても、櫛形と同じように、その出現や普及には

図３「伊勢湾岸型墓標」
（愛知県幸田町）

図２「屋根一本型墓標」
（山梨県塩山市）

図１　「尖塔舟形墓標」
（東京都北区）

図７「関東系櫛形墓標」
（長野県上田市）

図４「唐破風屋根付墓標」
（石川県輪島市）

図８種字に彩色の櫛形墓標
（三重県名張市）

6「関西系櫛形墓標」
（大阪府岸和田市）

図５「背光型五輪塔」
（奈良県桜井市）

斉一性があることが指摘されています。兜形墓標は、角柱形で頭部の両端が兜の「吹返」のように反り返っている形態の墓標です。拙著でも触れていますが、関東地方の資料と近畿地方のものを比べると、この反り返りが近畿地方の資料がより顕著な傾向にあるように思います。

これら櫛形、兜形の細部の差異についても、それぞれの地域で複数の墓地において悉皆的に調査を行うなどにより、分析を進めることで、地域性があることを証明できるのではないかと思います。そして、この地域性が何によるものなのか、つまり、どのようなことが原因で差異が現れるのかについて言及できればと考えています。

この他、拙著では触れていないのですが、三重県の伊賀地域では、駒形や櫛形について、刻まれている種子が奈良などの周辺地域に比して、彫りが深く、碑面に占める割合が大きい資料が存在しています（図8）。中には、漆などが塗られているものもあり、種子が大きな存在感を示しています。近世墓標では、一般的に時代が下がるに従って、頭書が見られなくなり、戒名が主張されてきます。中世的な要素である供養としての意識が徐々に薄れ、近世的な要素である墳墓標識（墓標）として確立されるとされています。しかし、この伊賀地域の資料は、種子が強調されており、中世的な様相を呈しています。

このように、近世墓標は斉一性を有していながらも、隣接する地域でも細部が異なるという地域性も見られますので、様々な観点からの考察が必要であると思います。

松原　石造の近世墓標のほか、珍しい陶製の墓標を取り上げげらえていますが、具体的な造立背景や他の事例などありましたら教えて下さい。

三好　陶製墓標については、拙著にも記させていただきましたように、その所在調査が行われているのは、愛知県高浜市のみではないかと思われます。同市は、近世以降、瓦産業や製陶業が盛んな地域ですので、多くの陶製墓標が作られたのではないかと思われます。大阪府阪南市の事例も同様で、当該墓標が存在している地域は、瓦産業が盛んなところです。また、同じ大阪府内の泉佐野市の事例では、資料に刻まれた銘文から瓦産業従事者と想定されているものがあります。

この陶製墓標については、その存在が限定的ですが、近世において瓦や陶器の製造が盛んな地域は、全国に多くありますので、各地における墓標の悉皆調査が進めば、資料数も増えてくるのではないかと思います。私も拙著の校正を行っている段階で、たまたま訪れた墓地で陶製墓標を見つけました。そして、資料数が増えると、当該地域の石造墓標との対比などを行うことにより、ご指摘の造立背景などがもう少し見えてくるのではないでしょうか。

松原　近世墓標研究における形態分類やその名称などは、各研究者が様々な呼称を用いていますね。これらの名称論などについてお考えを教えていただけませんでしょうか。

三好　ご指摘のとおり、近世墓標については、研究者により分類方法や呼称が異なっています。拙著でも触れましたように、坂詰先生の提唱した「塔形、非塔形」という分類と呼称は、多くの研究者の一致するところですが、「非塔形」の分類や呼称が乱立しています。拙著では、特に池上悟先生と関根達人先生の分類方法について触れさせていただきました。池上先生は、頭部の形態と体部の形態を統一的に分け、それらを組み合わせて分類、呼称していることから、地域性を超えて対応できる点で有効です。一方、関根先生の手法は、新たな形態の存在が確認できれば適宜追加するというもので、地域により多様性に富んでいる近世墓標の状況を鑑みると現実的です。そして、形態分類と呼称については、今後も研究者が行おうとする研究の主題を念頭に置き、それに最適な方法により適宜行われることが必要であるとまとめさせていただきました。これに付け加えるなら、経験上、近世墓標の形態は、ひとつの墓地においても多様性に富んでいるのですが、これに惑わされて、いたずらに細分化するのではなく、形態の本質を見極めた分類をすべきではないかと思います。「木を見て、森を見ない」ということにならないようにと思っています。このため、分類や呼称で行き詰まったときは「本論では、○○を呈する形態を○○と呼ぶ」というように、当該の研究成果だけに限定的に定義して論を展開すればよいのではというのが私の考えです。

松原　これまでの墓標研究を俯瞰され、進展を位置づけられておられますが、墓標研究の現状や課題を改めて示してくださいませんか。そして、今後の新たな研究視点についてお話し頂けたら幸いです。

三好　まず現状についてです。拙著の研究史でも触れていますが、一九七六年に坂詰先生が「仏教考古学資料の調査法（5）」（『歴史公論』二〇八）において近世墓標研究の重要性を説かれて以降、各地で研究者個人が近世墓標の調査を行う事例が増え、その後、自治体が調査を実施する事例も見られるようになりました。

さらに近年では、松原さんの研究に代表されるように、儒教思想の視点から墓標を考える研究をはじめ、関根達人先生のように社会史な観点からの研究がなされるなど、近世墓標を資料とした研究が多様化してきています。

しかし、一方で墓地の悉皆調査がなされる事例は、減少していると感じています。これは、これまでの研究の進展により、墓標の形態変遷や造立数の変化については傾向が示されるなど、一定の成果に到達していると認識されているためではないかと思っています。言い換えれば、既に一定の成果が出ているから、個人で新たな調査を実施しても、新たな成果を得られないと認識されているからではと思っています。さらに言い換えれば、新たなテーマや課題を見出すことができないから減少しているのではないかと思っています。

近世墓標については、隣接する墓地であっても、細部まで見ると、異なる様相を呈していることが多々あると感じていますので、研究者個人や自治体が悉皆調査を実施されることを望んでいます。謂わば、これが最も大きな課題ではないでしょうか。

この他、個人的に気になっている課題としては、先程、お話させていただきました「出現期の非塔形墓標の地域性」や「櫛形墓標の斉一性」などがあります。

また、「斉一性」と関連するのですが、「櫛形墓標の発生や系譜」についても気になっています。この形態の発生は、一七世紀末から一八世紀初め頃とされ、その原型を位牌に求めている研究者もいます。しかしながら、松原先生の研究では、儒者の「円首」を呈する墓標は一七世紀半ば過ぎに、藤井直正先生や松田朝由先生が紹介された塩飽諸島における人名墓は、頭部が丸味を帯びていますが、一七世紀初頭の資料があります。このように、櫛形墓標の発生については、儒者の墓標や人名などとの比較検討から行う必要があるのではないかと思っています。

もう一点、興味を持っていることがあります。一九九〇年に、坂詰先生が編集された『歴史考古学の問題点』の「近世墓標」の項目を執筆する機会をいただいたのですが、そこで簡単に触れた事項です。先程の「出現期の非塔形墓標」で、江戸や関東周辺で一般的な尖頭舟形を呈する墓標が大阪府の泉州南部地域（泉南地域）に点在していることについて、その様相などを追ってみたいと思っています。先程のように、出現期の非塔形墓標は、地域性があり、この尖頭舟形墓標は、正面上部に半円形の掘り込みを有することが特徴で、関東地方を中心に東北南部、東海西部、信越地方に普及しています。泉南地域では、近世初期段階での墓標は一石五輪塔が多く、非塔形墓標では尖頭駒形墓標、笠付墓標が一般的です。また、舟形を呈する墓標も存在しますが、正面上部の半円形の彫り込みを有していません。私の勤務する阪南市では、市内の寺院墓地、共同墓地のうち、十数か所において墓標の悉皆調査がなされています。このうちの数か所の墓地において、この尖頭舟形墓標が数基ずつ存在しているのが確認されています。全ての墓地に存在していないので、限定的な造立であると思われます。

こうした状況から、まずは泉南地域において、この尖頭舟形墓標の資料を確認したうえで、その分布を再確認してみたいと思っています。さらに、形態の詳細―例えば、関東周辺に所在する資料との差異など―や造立時期、趣旨などを分析することにより、泉南地域における尖頭舟形墓標の造立の背景にある歴史的事象を追及できればと考えています。

この他、課題ではないのですが、今回、拙著で取り上げられなかった事項として、唐人墓やキリシタン関係の資料、廟墓や石廟などと呼称される資料、筆子塚についてなどがあります。これらの事項については、また機会にまとめさせていただければと思っています。

松原　最後に、これからの近世墓標研究の展望をお話ください。

三好　拙著にも繰り返し示させていただきましたが、近世墓標は、坂詰先生が提唱されておられていますように、「どこにでも、誰にでも」研究対象とすることができ、その地域の歴史を知るうえで、貴重な、重要な資料です。研究事例は、坂詰先生の提唱から一気に増加したとはいえ、地域的な偏重が未だに見られます。こうした偏重を少しでも是正し、今後さらに全国的に調査が普及すればと思います。こうした調査が普及すれば、近世墓標を資料として活用する機会が増え、またその地域の歴史にとって重要な資料であるという位置付けも拡がっていくのではないかと考えています。

今回、本書をまとめるにあたって、「近世墓標」をキーワードに全国各地の調査報告や研究事例を集めさせていただきました。その過程で気づいたことに、専門の研究者だけでなく、地元の歴史愛好家の方々による調査が少なからずありました。

ある村における調査では、例えば、墓標の実測図や法量、形態などの記載はないものの、記載されている銘文は詳細に読み取られ、一覧表などが作成されているといった事例がありました。こうした事例では、形態分類やその変遷など、専門の研究者が必ず行う分析や考察等はなされていないものもあります。しかしながら、銘文が詳細に記録されておれば、データベースとしての活用は可能です。例えば、墓標に刻まれた被葬者の没年月日や一基当たりの被葬者数を知ることができます。前者を分析すれば、当該村における墓標の普及時期を知ることができます。これまでの調査成果から、墓標の普及は村の成立や経済的な発展時期と関連していると指摘されていることから、その村の歴史の一端を解明することになります。

また、伊東市の金子浩之先生の成果のように、大きな災禍があった可能性を追及することも可能です。とりわけ飢饉などの災禍については、公の史料（施政者側の史料）には表れないことがこの資料から見えてくる可能性も多々あると思います。

近世墓標の研究は、研究者自身がフィールドや対象を設定したうえで墓標の調査を行って資料化し、その資料を分析、考察を行うという事例が未だ主流です。この研究者自身の資料に加え、各地における地元の方々が額に汗して収集された調査データを活用することができれば、さらに研究の幅が拡がるのではないかと考えています。

最後になりましたが、今回の刊行に当たり、機会をいただきました坂詰先生、様々なご助言をいただきました松原さんにあらためて御礼申し上げます。ありがとうございました。

【気になる一冊】

三好義三　著

『近世墓標』　考古調査ハンドブック21

《A5判二四七頁　令和三年一月二〇日発行
ニューサイエンス社　三三〇〇円＋税》

このたび三好義三氏が考古調査ハンドブックの21集として『近世墓標』を上梓された。わたしの個人ファイルには「近世墓標について」「和泉国における近世墓標についての一考察」「近世墓標の形態について」という三編のレジュメを保存しているが、いずれも著者が学部、院生時の研究発表において作成したものである。

このように、著者は一貫して近世墓標を研究テーマとして定め、修論の成果については「近世墓標の形態と民衆の精神の変化について」と題して逸早く発表されている。

本書はそうした著者が大学院の卒業後も弛まずに研究を継続してきた成果のもと、墓標調査および研究の手引書として、多くの図表を用いて書き下ろされたものである。

その構成は巻頭に坂詰秀一博士の序文を掲げ、「Ⅰ 近世墓標と研究史」「Ⅱ 近世墓標の地域的実相」「Ⅲ 近世墓標の様相」「Ⅳ 近世墓標の若干の特性」「Ⅴ 近世墓標の類型と変遷」という五章からなり、巻末には関係文献の集成と索引を付している。

各章を概観すると、Ⅰ章では「1 近世墓標とは」「2 近世墓標研究史」を立項し、墓標調査に際する視点、形態分類および調査カードの実例を示して調査の便を図っている。また、これまでの墓標研究を坪井良平等の先駆的業績を始めとする「萌芽期」から近年の池上悟、関根達人等の実り多い研究に至る「新展開期」までの四期に整理し、その展開過程を説く。

Ⅱ章では近世墓標の全国各地における実相を三六都道府県および地方に区分して提示した。おそらく近世墓標を全国的視野で鳥瞰した初めての試みであり、本書の大きな特色といえよう。

その内容は各地で行われてきた調査報告を丹念に渉猟し、その成果やトピックを紹介する形をとっているため、地域ごとの研究の動向や調査の視点を理解することができる。個々の問題については原典に当たる必要はあるものの、大まかな地域性を捉えることは可能であろう。

Ⅲ章では「1 形態別の様相」「2 造立層の様相」を立項し、前者では近年関心が高まっている一石五輪塔、奈良県を中心に分布する舟型光背五輪塔の二者を取り上げ、その研究動向に触れている。ともに畿内を象徴するものであり、中世的供養塔と近世的墓標をつなぐ形式として興味深い対象である。また、造立層の問題では有力武士層、公家、儒者、神職、有力商人・農民等の墓標について、各地の調査事例をもとにそれぞれの特徴を整理している点も注目されよう。

Ⅳ章ではかつて久保常晴博士が着目した頭書の問題を掘り下げ、僅少な陶製墓標について問題を提起する。さらにⅤ章では改めて墓標の主要形態について概観し、その変遷と画期について「塔形」から「非塔形」、「一観面」から「多観面」という視点から捉え直し、また非塔形の出現、櫛型の出現、方柱型の出現という三つの画期とその歴史的意義を総括して稿を閉じている。

なお、巻末に集成した七二〇篇の文献は圧巻で、ここ四半世紀における墓標研究の大きな前進を感じずにはいられない。かつて筆者が学部生の頃、坂詰博士の『仏教考古学調査法』を座右に墓標調査を行った時代とは隔世の感がある。本書の活用によって、さらに墓標調査と研究が展開することを大いに期待し、本書を広く推奨したい。

（磯野治司）

先哲の墓所

緒方洪庵とその墓

緒方洪庵《おがたこうあん》（初代適々斎塾長）

世界保健機関（ＷＨＯ）が新型コロナウイルス感染症の感染拡大を受け、世界的な大流行を意味する「パンデミック」と認定してから、早くも一年が経過した。この間、多くの医師などの医療従事者が患者の治療や感染拡大防止に不眠不休で奮闘されている。幕末の一九世紀にも当時最大の感染症であった天然痘の予防に尽力した多くの医師たちがいた。幕府の奥医師を勤めた緒方洪庵もそのうちの一人で、大坂で除痘館を設置して種痘を広めた。

洪庵は、備中足守藩の武家出身で、文政九年（一八二六）に一七歳で、大坂の中天游《なかてんゆう》の塾に入門する。天游は、医学のほか、天文学や物理学などにも通じていたことから、洪庵も医学だけでなく、自然科学系の学問を身に着けた。その後は、江戸、長崎で修業を重ね、天保九年（一八三八）に大坂で医業を開業するとともに、適塾を開設して、多くの門弟を育てた。適塾は、福沢諭吉や大村益次郎など、開国から日本の近代化を担った人物を多数輩出している。

そして、文久二年（一八六二）に幕府から奥医師として招かれ、江戸に赴くが、翌文久三年に江戸で急逝する。江戸駒込の高林寺に葬られ、墓所も設けられた。一方、大坂の龍海寺には、遺髪を納めた墓所があり、明治一九年（一八八六）に亡くなった妻の八重とともに祀られている。

龍海寺は、曹洞宗寺院で、大阪市の中心部、現在の北区同心にあり、付近には寺院が多く存在する「天満寺町」の一角に所在する。同寺には、洪庵の師である中天游をはじめ、江戸の坪井信道の下で洪庵と共に学び、大坂でも一緒に活躍した緒方郁蔵の墓標も見られる。

洪庵の墓所は、本堂に隣接した基壇上に設けられている。墓標は、笠付の角柱形である。笠の形状は、正面だけでなく四方ともに円弧状を呈した特異なものである。法量は、総高二〇一㎝、碑身高一〇三・五㎝、碑身幅四六㎝、碑身厚三六・五㎝を呈する。隣接の妻八重の墓標も、ほぼ同じ規格で造られている。石材は花崗岩で、笠や碑身だけでなく、台座を含めた全ての部材の表面に丁寧な磨きが施されている（図２）。

正面に「洪庵緒方先生之墓」と銘があり、左側面から背面、さらに右側面にかけて、洪庵の出自来歴が刻まれている。銘の書き出しは「国手諱章字公裁號洪菴又華陰・・・」で、末尾には「慶應三年丁卯之秋　肥前　草場韡《さかえ》〈草場佩川《くさばはいせん》〉撰　備中　荻田嘯《おぎたしょう》謹書」とある。江戸高林寺の碑銘には、「慶應三年丁卯春三月」とあることから、この大坂の墓標の撰文は、高林寺よりも半年程遅れて書かれたものである（図５）。撰文者が草場韡で、それを荻田嘯が書している。草場は肥前佐賀出身

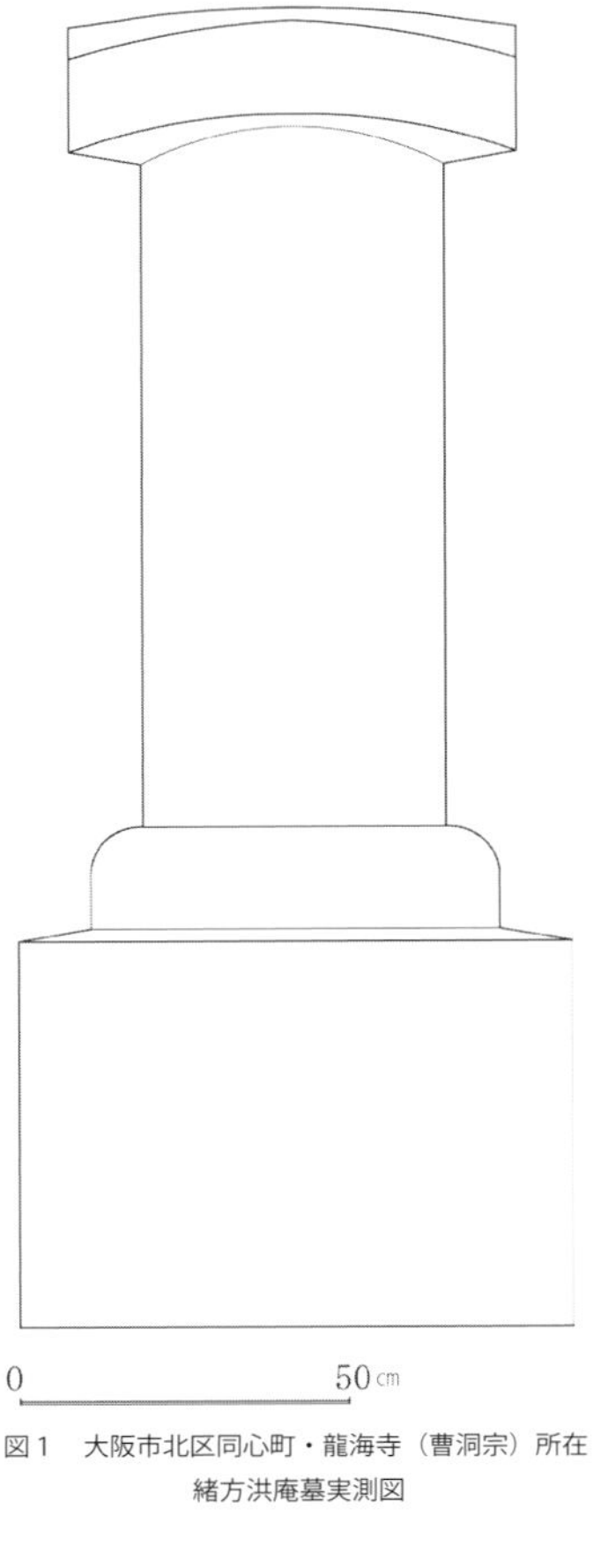

図１　大阪市北区同心町・龍海寺（曹洞宗）所在
緒方洪庵墓実測図

の儒学者、文人で、江戸で古賀精里の門で学んでいる。同門には後述の篠崎小竹がいる。なお、荻田は、慶應四年（一八六八）に出された漢語辞書『新令字解』の編者である。

あらためて洪庵の墓標の形態に着目してみると、上述のように、四方円弧状の笠を有する独特な角柱状である。管見に入った限りでは、この形態の墓標は同寺において、上述の妻八重や緒方郁蔵など計五基、近接する天徳寺において、儒学者篠崎三島《しのざきさんとう》やその門弟で養子となった篠崎小竹《しょうちく》（図3）など六基、合わせて一一基を確認している。

なお、師匠の中天游の墓標（図4）は、砂岩製の円首を有する形態で、碑身の高さ七三・五㎝、幅三一・五㎝と洪庵に比べると小さく、質素な感がある。銘文は正面に「天游中先生墓」と刻むのみで、側面や碑陰には何も刻まれていない。台座は花崗岩製で、近年に改修されたものと思われる。

墓標形態という観点からは、師匠の中天游とは繋がっていない。一方、篠崎小竹は洪庵が四〇歳の時に描かれた肖像画の題詞を書いており、相応の交流があったと考えられる。小竹は、洪庵に先んじて嘉永四年（一八五一）に没していることから、むしろこの形態が採用された背景には小竹の存在があったのではないかと想定される。併せて、前述したように、撰文をした草場とも小竹を通じて、繋がりがあったと思われ、洪庵の墓標造立には、「儒者のネットワーク」が存在していたと推察される。

しかし、この形態の墓標については、上記の一一基以外にその存在を確認するに至っていないため、この推察には早急の感がある。この推察の是非についての判断には、今後、江戸や京と比して調査がなされていない大坂における儒者、文人の墓標の調査を行うことが必要不可欠である。

（三好義三）

【参考文献】

緒方富雄　一九四二『緒方洪庵伝』岩波書店

上田　穣　一九九六「江戸後期の大坂における官許施設考」（『研究季報』第六巻第四号　奈良県立商科大学）

梅溪　昇　二〇一六『緒方洪庵』（吉川弘文館　人物叢書）

図2　緒方洪庵夫妻の墓（右洪庵・左夫人）

図4　中天游の墓（龍海寺）

図3　篠崎小竹の墓（天徳寺）

洪庵緒方先生之墓　（大阪　龍海寺）

國手諱章字公裁號洪庵又華陰以洪庵行其先出于緒方三郎惟榮住豐後佐伯因氏焉仕大友氏文祿年間大友滅轉居備中足守仕毛利氏有故辭祿寛永中爲足守侯臣祿及世考諱惟因娶石原氏生一女三男女嫁吉備津宮祀官堀家政德長男天仲子惟正承家國手其弟也考爲浪華藩邸留國手寓其居從都下諸先輩學文藝武事多病故改醫學左祖洋方讀譯書居無何考坐事免職嗣子貶爲徒行國手無所仰給再抵攝就中天游爲食客學洋方而猶未慊欲赴江戸求師兎脱而東賣衣鬻刀落魄已甚不得入都門迂路於上總投某僧院院主見其當冬單衣唯負一書囊憫之許一宿談話及其所學因出囊中西洋曆象新書演說如流僧奇之爲集近隣醫流共聽其說留止數日獲謝金以辨衣物而入江戸踵坪井誠軒之門習讀洋書勵精刻苦闔塾無及誠軒奇之爲給衣食使爲接客教誘懇摯後出入宇田川榛齋之門參考藥品名實固通數學尤精度量之沿革榛翁之著醫方名物考也贊助之功寔多既而游長崎親炙窩蘭醫質平生所疑以得竭蘊奧生徒益繁乃相率開業於浪華時年廿有八致益治功並進乃復舊如聲名翩與之足藩侯奬擢爲侍醫遠近諸侯擧招請診嘉永年間洋醫有牛痘種種痘復作國手以爲痘也之大厄最宜救濟勉主張其事請于官設種痘所人怪其新寄信從者鮮矣遂東西奔走勸人驗方不自惜其費經十餘年而後遍行文久壬戌應　幕辟賜三十口俸爲侍醫尊兼西洋醫學館學頭翌年癸亥六月十日病歿年五十有四葬于府下高林寺境內爲人溫厚孝親敬師接人字誠有餘赴急濟難不少遲緩弟子殆三千人教誘不倦當今以洋方鳴世者多出其門譯述之書滿架盈箱病學通論扶氏經驗遺訓虎狼痢治準等數部已梓行又善國雅餘力與名流交驩娶攝之名鹽村億川氏生六男七女長女嫡皆夭次子洪哉承家繼業三男亦能讀洋書四女嫁同僚大槻玄俊配五女於小倉吉雄拙齋爲義子使之承攝之家前此以門人大戸郁藏學術俊長養義弟義子弟相謀既天滿龍海寺塋域瘞遺髮建碑囑文于韡爲叙其概芽拜作銘銘曰

祖岳降神　地靈屬豐　維緒方民　人巾蛇龍
貧困自奮　天誘其衷　覓方洋西　能破鴻濛
應時乘運　術益漸東　東君惠澤　爲民徵庸
金鑑入幕　百草靡風　海內方英　共在藥籠
今時龍門　祚胤孔隆　龍海片石　爲勒其功

慶應三年丁卯之秋

肥前　草場韡敬撰
備中　荻田嘯謹書

緒方洪庵年譜　一七九

図5　緒方洪庵墓標とその銘文（緒方富雄 1942 より）

【気になる一冊】

大名墓研究会編

『近世大名墓の成立

-信長・秀吉・家康の墓と各地の大名墓を探る-』二〇一四年

（A5判並製・カバー一八一頁 価格二六四〇円 株式会社雄山閣）

大名墓研究会編

『近世大名墓の展開

-考古学から大名墓を読み解く-』二〇二〇年

（A5判並製・カバー二一二頁 価格二六四〇円 株式会社雄山閣）

大名墓研究会は、二〇一四年『近世大名墓の成立-信長・秀吉・家康の墓と各地の大名墓を探る-』、昨年一一月、研究会活動一〇の纏めとして、雄山閣から『近世大名墓の展開-考古学から大名墓を読み解く-』を刊行した。

これまでの国による墓所の史跡指定では、大正期から昭和四〇年代に、儒者・国学者あるいは近世以降の個人の墓の単体による指定が主であったがこれを改め、昭和五八年に「中世城館遺跡・近世大名家墓所等保存検討委員会」を設置し、各地の大名家墓所の保存と指定を進めていくことを明確にした。これらの成果は、現在全国二八家の大名家墓所が国史跡として指定を受けている。ここに至るまでには、大名墓の研究の進展が上げられる。昭和三五・三六年に実施された増上寺徳川将軍家墓所の解体に伴う立会調査以後、仙台藩伊達家三代の墓所・長岡藩牧野家墓所・尾張藩徳川家墓所・南部藩三代墓所等の考古学的な調査が実施され、上部構造は勿論のこと下部構造への考古学的調査が及び近世考古学の一分野として認識されるに至ったことが大きかったと思われる。

大名墓研究会は、平成二二年（二〇一〇）年一月、中井均先生（元滋賀県立大学）・松井一明氏が中心となり、全国の埋蔵文化財関係及び近世大名家墓所に興味を持った有志に声を掛け、第一回の研究会を滋賀県彦根市で開催した。特に、各地における大名家墓所の現状把握を目的として改めて情報交換を広く行うことや、調査が実施された墓所の考古学的な成果を集成することを目的として回が重ねられた。

二〇一四年に纏められた一冊は、都合五回の研究会によって全国的な大名墓かの現状や等が把握された中、墓の造営から中世から近世へ連続性やその造営過程、地域的な特徴の有無等を中心に各論が収められている。特に近世大名のヒエラルキー構造の中心にあった徳川将軍家墓所について坂詰秀一先生にご寄稿いただいており、各大名による高野山への造塔についての研究進展の必要性などの提言が示されている。

二〇二〇年に刊行された一冊では、研究会一〇の成果として、先ず、全国の主な大名家墓所の国元、江戸、高野山における大名家墓所の供養や葬地をめぐる諸問題が纏められ、第二部として研究会発足以来、課題となっていた戦国期の城・居所と大名の墓の関係性や、中世武士から近世大名への転換や、高野山への造塔、儒教と大名墓の関係性、大名墓の副葬品や出土遺物の問題、それから読める宗教のことなどについても幅広いテーマについて寄稿されている。

序として纏められた中井均先生の「近世大名研究の到達点」一読すれば、研究会の目的とあゆみ、それから研究会のこれまでの成果が端的に纏められているので、大いに学びたい。また、二冊を通して読むことで、大名墓研究の到達点を知ることが出来よう。なお、研究会が各地で開催した詳細な大名家墓所の資料は、各回ごとにレジュメ集として纏められている。これらが資料集として一冊に改めて纏められることを期待したい。

（山川公見子）

『近世大名墓の成立
-信長・秀吉・家康の墓と各地の大名墓を探る-』

目次

『近世大名墓の展開
-考古学から大名墓を読み解く-』

目次

愛媛県宇和島市大乗寺・伊達家墓所修復調査覚書

はじめに

伊予吉田藩主伊達家は、臨済宗・鳳凰山大乗寺（愛媛県宇和島市吉田町寺家所在臨済宗専門道場）を菩提寺とした。

この伊達家墓所は、昭和四九年三月一日に宇和島市の指定記念物（史跡）に指定された。

去る二〇一八年七月、西日本豪雨の水害によって宇和島市主周辺では千箇所以上の土砂災害が発生した。伊達家墓所のある大乗寺でも墓所裏山で大きな土砂崩れが発生し、寺の各所や墓所全体に多量の土砂が流れ込み甚大な被害が及んだ。大乗寺が所在する吉田地区では、生活基盤施設等の被災状況が著しく、土砂等による道路の分断等によって交通ネットワーク等機能や浄水への供給機能が失われたため、長期間にわたり断水に陥った。

図１　閉眼式（大乗寺主催）

しかし、二〇一九年三月に、宇和島市では四年間に亘る災害復興計画を示し、様々な施策が実施された。かかる経緯の中で、宇和島市教育委員会や多くの災害ボランティアの尽力により大乗においても、土砂の撤去等が行われ、全てとはいかないまでも復旧作業が進んだ。

墓所内の状況は、歴代藩主の石塔類が大きく動いたり落下するなど、被害が各所に見られた。市の災害復興事業において、市民の暮らしと生活道半ばではあったがいち早く、文化財に対する支援も行われることが決定され、新年度において本格的な現状復旧のための調査準備が開始されることになった。しかし、思いもよらずコロナ禍に見舞われつつも、各地の新年度の事業が先送りされる中、九月一四日に大乗寺主催墓所の閉眼法要式が行われた。当日式典には、宇和島市市長や檀家関係者、工事及び調査関係者一同が揃い、調査の安全と復興が祈願された。

一　伊予吉田藩伊達家系譜について

１　初代宗純

『寛政重修諸家譜』（以下、諸家譜と略す。）によれば、伊予吉田藩初代宗純は、宇和島藩初代伊達秀宗の五男で、母は吉井氏とされる。秀宗は、仙台伊達本家の長男であり、宗純は、血統的には伊達政宗の孫に当たる。

『藤蔓延年譜録』（以下、年譜と略す〈伊予古文書の会一九九二〉。-「明暦三年（一六五七）、秀宗公御願御領地之内三万石、御分知被、仰付此時御年廿一歳・・・」-）によれば秀宗より三万石を分知され、翌年万治元年（一六五八）、吉田陣屋を普請し、次の年の万治二年（一六五九）七月二八日吉田に入部した。寛文一一年（一六七一）本家三代綱宗の伊達騒動によって父・伊達兵部少輔宗勝（政宗十男）は、一ノ関藩改易となり土佐藩山内家預かり、宗興は豊前国小倉藩主・小笠原忠雄預かり、その妻子（酒井忠清御娘・稲姫〈姉小路公景四女とされている。〈福田千鶴『酒井忠清』吉川弘文館二〇〇〇〉〉と子息千之助・千勝・右近）は伊予国吉田藩主・伊達宗純の預かりとなった。大乗寺墓所内には四名の墓碑（笠付）を確認することが出来る。

宗純は、元禄四年七月二八日隠居。

二代宗保（同四年-〈一六九一〉宗重改名）

宗保（同四年-〈一六九一〉宗重改名）は、元禄四年七月二十一日、家督相続するが、元禄六年十月二日、江戸で亡くなり、高輪東禅寺に葬られる。

三代村豊（初、宗春・実は伊達秀宗六男秀職の二男）

元禄六年十二月七日二日遺領を継ぎ三田藩主となる。

宝永元年七月一〇日吉田に初めて入部。頌徳二年（一七一二）領地朱印状頂戴する（吉田領宇和郡内八一カ村都合三万石）。

享保元年（一七一七）、宗春を成任と改名。享保一一年（一七二六）三月五日成任から村豊に改名。元文二年六月晦日、亡くなる。芝東禅寺へ葬られる。世嗣・村澄享保四年（一七一九-年譜には同四年誕生と記されている。）吉田にて誕生。享保二〇年（一七三五）九月一七日江戸にて二六歳で没し、芝東禅寺に葬られる。

四代村信

年譜では、享保五年（一七二〇）誕生とあるが、表向きには同三年誕生とした。諸家譜には享保三年誕生と記されており、年譜の表向きの三年と合致する。享保二〇年（一七三五）一二月二日、嫡子となる。元文二年（一七三七）八月二四日家督相続。延享三年（一七四六）一〇月一二日朱印状を頂戴する。明和二年（一七六四）五月二二日四十六歳で没する。表向きは四十八歳、国安御殿で亡くなる。天明元年（一七八一）、御忌改太守号。一七回忌。

五代村賢《やすむら》

延享二年（一七四五）江戸において生誕。明和三年（一七六六）四月二三日初めて入部。寛政二年（一七九〇）二月一〇日に没し東禅寺に葬送された。

六代村芳

安永四年（一七七五）に村賢二男として生誕。世嗣村高が嫡子であったが、寛政元（一七八九）年三月二一日に若くして亡くなったために、同年三月二四日に嫡子となり、翌年四月二日に家督を相続し、六代藩主となり、吉田に居した。時に一六歳であった。

七代宗翰《むねもと》

寛政八年（一七九六）六月一九日、宇和島藩の六代藩主・伊達村寿の四男として生まれる。文政七年（一八二四）、宇和島藩主六代村寿の隠居に伴い七代を継いだ宗紀が初めて国元へ帰国するに当たり仮養子の指名が必要で、宗紀の実弟である宗翰に白羽の矢が立てられた。

宗翰は、文化一三年（一八一六）五月二二日、六代村芳の婿養子に迎えられ、本家の仮養子問題発生当時には、七代藩主として吉田藩を継いでいた。また、吉田藩は分家であると同時に、別朱印分家であったことから仮養子を宗翰が受ければ、嫡子があったとしても吉田藩の存続は、将軍の思召如何に委ねられるしかない状態となり、存続の危機に見舞われる恐れもあった[1]、とされる。存続問題に係わる事態に波及しかねない状況にあった。

文政一〇」年には宗紀の仮養子問題が一時再燃したが懐妊によって指名が解除となった。

天保一四年（一八四三）六月二四日に家督を養子の宗孝に譲って隠居する。弘化二年（一八四五）七月六日、吉田で死去し大乗寺に葬られた。享年五〇歳。

八代宗孝

宗孝は、「四賢候」の一人とされる宇和島藩八代藩主・伊達宗城の実弟である。宗城は、三千石の旗本で宇和島伊達家五代村候の次男として山口直承の養子となった山口直清の嫡子・山口直勝の二男で、三男が実弟宗孝であった。

天保一〇年（一八三九）五月二一日七代藩主・伊達宗翰の養子となり、天保一四年（一八四三）六月二四日、宗翰の隠居により家督を継いだ。明治三二年（一八九九）五月二〇日、東京で死去。芝東禅寺に葬られた。

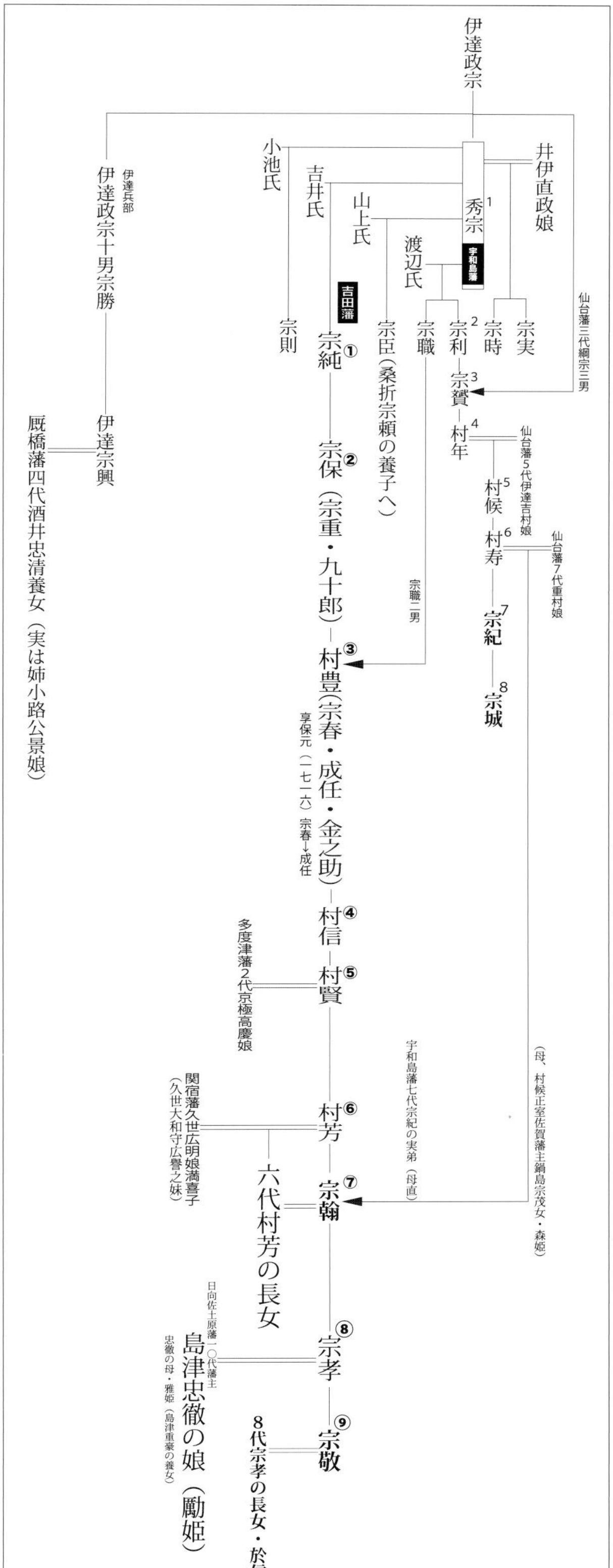

図2　吉田藩伊達家略家系図（諸家譜）

九代宗敬

伊予吉田藩最後の藩主。

宇和島藩八代藩主伊達宗城の実兄である旗本山口直信の次男として生まれる。

明治二年（一八六九）六月二〇日版籍奉還で吉田藩知事に任じられた。

明治九年（一八七六）八月二九日東京で亡くなる。

以上、伊予吉田藩伊達家歴代藩主の系譜概要を示した。なお、婚姻関係については略系図に記したが、『藤蔓延年譜録』と『寛政重修諸家譜』との記載の年号の違いや、婚姻関係の記載など不明な点もあるなど、今後再検討が必要な箇所もあることを明記しておきたい。

二　伊達家墓所の旧状と現状

二〇二〇年春、コロナ禍の影響もあり、当初の計画より幾分か遅れて九月から始まることになった。その間、大乗寺では、教育委員会の指導を仰ぎながら、多くの関係有識者から文化財の整備、保護や活用等に関する情報やご意見などを窺う機会が得られることになたった。

整備に当たり触れておかなければならない点として、現在の墓所の景観についてである。当墓所は、目的は不明であるが、全体に改変され縮小整理が行われた経緯がある。当時の様子などを知る人は現在ほとんどおらず、寺側にも資料が残っておらず不明な点が多々ある。また、この縮小整理に伴うかは明確ではないが、当時、歴代藩主の石塔類の一部が散失した経緯もある。この散失した石塔類の一部は、近年の寺の努力により一部戻されたが未だ散失している歴代藩主の石塔もある。旧墓所の様子を知る手掛りは、当時の墓所を映した写真が辛うじて遺っていることである（図4・5）。写真を見る限り玉垣に囲まれた歴代藩主の墓所を廻るように石敷の参道が整備されている様子が確認できる。また、墓所前や参道脇には献灯された燈籠が整然と並びその景観は壮観であったことが分かる。

大乗寺老師・河野徹山師は、以前から伊達家墓所の旧景観に復元したいという思いがあったため、今回の災害復旧を切っ掛けに、積年の思いを実現するべく教育委員会及び各方面の有識者らの意見を伺い、寺としての整備復興事業も併せて進めたいことを提案された。

伊達家墓所が有する履歴と、今回の災害復興計画、さらには寺側の整備

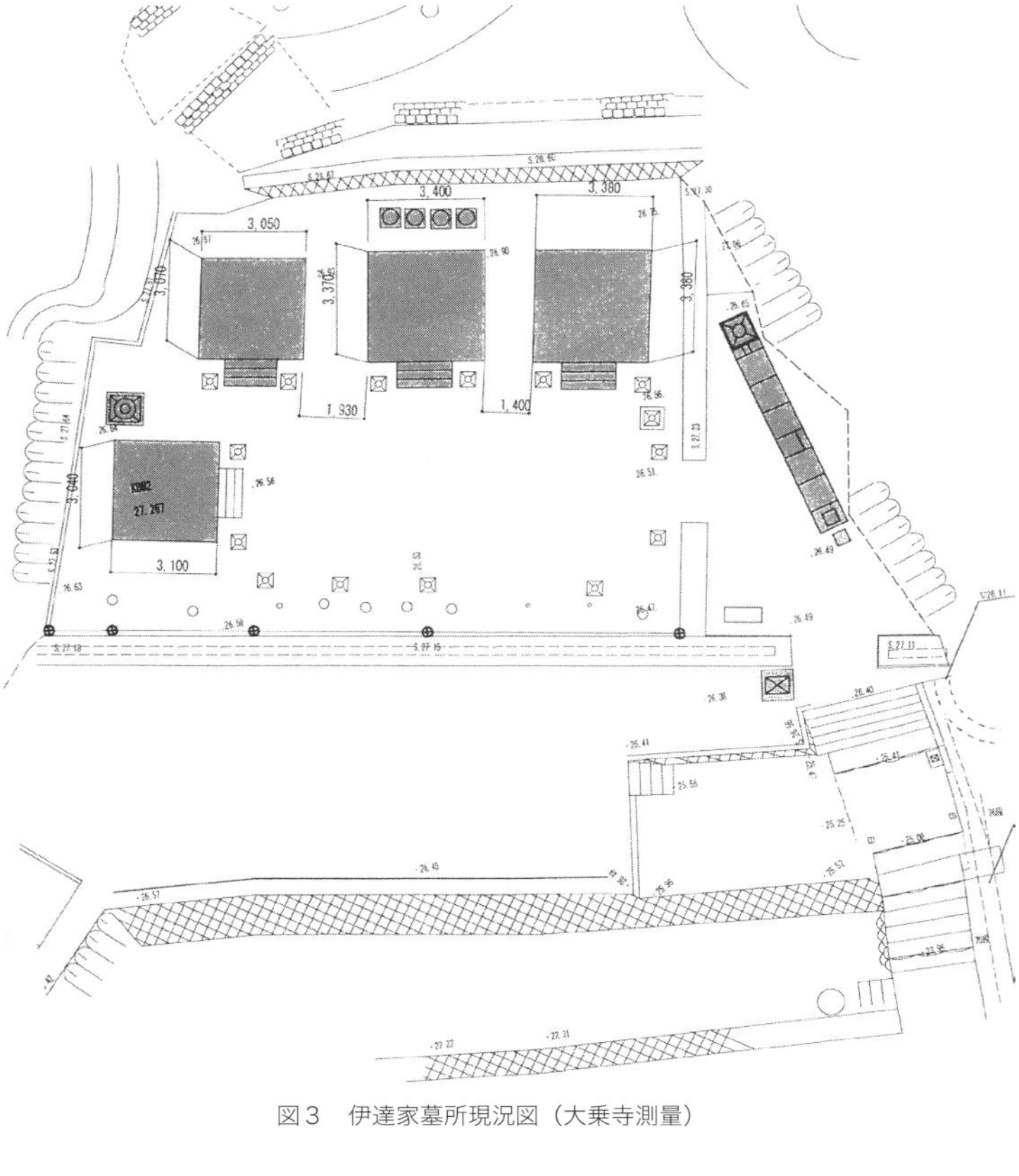

図３　伊達家墓所現況図（大乗寺測量）

図４　吉田藩伊達家墓所旧景観１（大乗寺提供）

図５　吉田藩伊達家墓所旧景観２（大乗寺提供）

事業案を踏まえて、先ず災害復旧を主たる目的とし、宇和島市教育委員会主導で現状遺存状態把握のための調査がすすめられることになった。

現状の墓所配置・遺存状況は、図3に示した通りである。寺本堂裏側から急階段を登り切った山腹に広がる墓所は、東西に約二〇m、南北に約一七m、約三四〇㎡を平坦に削平した面に歴代藩主墓所があった。現状では、この平坦面北側東西に三基ある。配置は、中央に宇和島伊達藩初代秀宗墓、向かって右が吉田藩初代宗純墓、左が七代宗翰墓、宗翰の前に正室の六代村芳の長女・於敬墓が位置している。中央の秀宗墓所の後ろに殉死者四名の五輪塔が並ぶ。

旧状を示す写真（図4・5）と比較すると、様変わりしていることが明確であった。しかし、昭和四九年三月一日に市指定記念物（史跡）に指定された当時は、現況の状況とほぼ変わらない中で指定されている経緯があった。当時史跡に指定の調書等は明らかでないが、墓所が縮小整理及び歴代藩主墓碑が散失後の指定であるため、今回の調査によって現状復帰される墓所の景観としては、昭和四九年指定当時の景観に戻すことが前提条件となった。

三　調査概要

調査は、予算や期間などが考慮され、秀宗墓所の現状復旧調査が優先された。教育委員会による災害後の現状図面として墓所の平面・断面が計測され、墓碑である五輪塔全体の組み直しと流出した基壇石の一部組み直しで完了させる計画であった。しかし、墓碑解体と基壇の精査から、現状の基壇面に墓碑を据え直すことは、歪みや脆弱性が著しく不可能という判断の下された。墓碑の解体とその後の基壇の流出部分の解体、据え直し等が検討された。その結果、基壇部分の歪みや著しい状況から、全体の組み替えの必要性が提案され、教育委員会判断の下、調査内容の設計変更が行われ全体の解体、と据え直しの調査が実施された。

墓碑解体、基壇面の敷石除去後、基壇構築状況確認のために基壇中心部分を南北方向に半裁し断面を観察する調査が行われた。調査が進展する中で墓碑の二段の基台中心直下から三個の墓誌と甕に治められた複数の遺骸を確認した。これまで各地で調査された大名家墓所の構造は、基壇の下に石室を造り、その中に火葬骨を骨蔵器に治めた事例や、地下二m位深くに石室を設けその中に方形の木棺や甕棺を治めた例であるが、今回の検出状況は、これらの事例とは全く違った様相で確認された。

図7の検出状況から判断出来たことは、三基の墓誌と甕棺は、基壇構築と同時に埋納されており、基壇・基台構築の過程で埋納されているということである。伊達秀宗は、これまでの研究で、明暦四年（一六五八）六月八日に江戸藩邸で死去し、その後、宇和島（市内）の龍泉寺に埋葬されたとされている。この様なことから、大乗寺の秀宗塔は供養塔と認識されていたので、供養に係わる品々の発見が想定されていたが、今回の発見は、別の意味で思いがけない結果となった。つまり、最初に触れた通り、当墓所は、昭和三〇年代に縮小整理が実施されたとされているが、その内容は不明であった。この整理の実態の一端が今回の発見によって垣間見れることとなった。

四　発見された墓誌について

墓誌が、三組された。出土状態から二次的に同時に納められた可能性が高い。個々の墓誌は歴代個人の墓誌であることが墓誌銘から明らかである。各墓誌に簡単に触れておきたい。墓碑基台中に確認した墓誌を仮にA、甕棺の上に置かれ墓誌をB、他をCとする。

墓誌A
従五位下能登守、大雲院殿一蔭宗樹大居士、五代藩主村賢の墓誌である。寛政二年二月一六日、江戸で没する(一七九〇)。芝東禅寺に埋葬された。

墓誌B
従五位下若狭守、積善院殿南嶽徳翁大居士、六代藩主村芳の墓誌である。文政三年八月一三日(一八二〇)に江戸で没した。葬地については年譜・諸家譜ともに記載はないが、墓誌銘文中に弘化二年(一八四五)七月六日吉田玉鳳山に葬することが記されている。

墓誌の組合せについては、墓誌A・Bは、銘文を刻む面をが凸状造り出し、蓋は印籠造りになるよう内側を身の凸分だけ窪め、窪めた面に官位・姓名戒名と「このはかあわれみてほることなかれ」などの定型句が鐫られている。

墓誌Cは、身・蓋ともに平坦に仕上げ合せる様式である。

他の事例では、今回同様に蓋と身を二石を用いて造り、合せた後に銅線で十字や縦、あるいは横方向を結束している場合が多い。今回はその痕跡も認められないので、二次的に埋納されたY状態であったが、当初より墓誌の結束は無かった可能性もある。

また、墓誌A・Bの文字彫刻の内側には漆痕跡が顕著に観察できた。

厚さについてであるが、墓誌A・Bは身・蓋共に厚い石材で仕上げている。特に蓋は、側面及び天井部分が丁寧な叩き仕上げが施されている。身は、側面は丁寧な叩き仕上げで、底の部分はほぼ平らに仕上げられてはいるが、粗叩きのままであった。

大きさも、厚さなど全体の墓誌の様式としては一八世紀代大名家墓制で確認できる典型的な様式であったものと認識している。漆を施す仕上げは丁寧であると言えよう。

関東大震災によって被災した谷中広徳寺墓所(現在練馬区桜台に移転し

図6　秀宗塔基台

図7　秀宗墓所基壇内部墓誌検出状況

図8　秀宗墓所基壇内部墓誌検出状況

図9　秀宗墓所甕棺検出状況

５代村賢墓誌蓋

５代村賢墓誌身

６代村芳墓誌蓋

６代村芳墓誌身

７代宗翰墓誌蓋

７代宗翰墓誌身

甕棺を位牌所に移動

墓誌の取り上げ

図10　発見された５・６・７代藩主の墓誌と甕棺

ている）の改葬で確認された墓誌の例や、同じ愛媛県の久松松平家の江戸の墓所全改葬で確認した墓誌類とほぼ共通するが、今後改めて比較検討してみたい。

五　伊達家の塔型式と周辺

昭和三〇年代の改変を切っ掛けに墓所全体が縮小された経緯の中、一部を記憶している方の情報では、墓所全体が平地になったとのことであった。つまり、全ての墓所が一旦解体され、その後、現在の墓所に組み替えられた可能性が高いようである。その詳細については、今回の概要では調査不足もあり言及しない。しかし、墓所改変から再整備において、石塔の組合せが変えられている可能性は示しておきたい。

石塔の組合せの変更は確認できるものの、歴代墓の様式は画一的に造営されているように捉えられる。化粧された砂岩の大石を用いた基壇を築き、その中心に二段の基台を置き、五輪塔を据えている。

伊達家の石塔の特徴は、空風輪にあり、全体のフォルムがを特徴づけている。秀宗塔は、本家宇和島藩秀宗墓塔に近似し、吉田藩初代宗純塔以下とは、空風鈴に若干の違いがある。造営の年代さであろうか、今後各地の他の事例と比較検討が必要であろう。

宗純塔以下の塔の特徴は、空輪部の宝珠先端が棒状に伸び、風輪部の請花の上部端部に膨らみを持たせた形態である（図11）。吉田藩伊達家墓所の秀宗塔空輪から宗純塔への塔形態的な変化は、本藩造立の五輪塔の空風輪の変化に共通している点は、時代的な形態的変化の具現かもしれない。

図11　初代（右）・七代五輪塔

図12　岸和田藩岡部塔と大洲藩加藤家塔

そこで少し周辺の大名家墓所を見てみると、空輪先端部が巨大化する傾向は一般的と言えるが、棒状になる特徴は、大洲藩加藤家墓所五輪塔・岩国藩吉川家五輪塔などにも観察できる。なお、全体の塔型式フォルムも共通する点は注視したい。さらに地域は大坂になるが岸和田藩岡部家における五輪塔フォルムも共通している。

因みに加藤家は隣接しており、歴代藩主墓所が造営されている冨士山如法寺は、臨済宗盤珪永琢の開山である。大乗寺末寺にも盤珪の扁額が残るという点から、何らかの関連が想起される。

岡部家との関連を確認してみると、岡部家五代長著の娘は、下総関宿藩三代藩主・久世広明の正室として嫁しており、久世広明の娘・満喜は、当藩六代藩主 伊達村芳の正室であり、姻戚関係にもなる点は注視しておきたい。今回提示した図2の略系図には、岡部藩との関係までは示せていないので、本報告の時に改めて女縁親族[2]を踏まえた墓所造営事情あるいは、石塔型式採択との関連性の有無についても興味深く捉えているので、今後の課題としたい。

六　秀宗塔の修復概要

秀宗の墓所の基壇並びに上面の石敷き部分は、地元周辺で産出する砂岩が用いられていた。二段の基台の内、下は砂岩を用い、上は花崗岩を据えている。五輪塔は全ての部材が花崗岩である。

復旧工事で特に注意を払った点は、災害で流され基壇石と現状の基壇の組み合わせ、また遺っていた玉垣とその強度などであった。

基壇部分は、その中心部分から墓誌や甕棺が複数確認され、秀宗塔に伴う墓誌ではなかったこともあり、教育委員会と協議の結果、戻さずに基壇復元を行うことが決定された。そのため、基壇全体の歪みとくみ上げた場合の強度などの状態を鑑みて、基壇の全体解体を行い、全てを修正しつつ基壇を組むこととした。基壇は、地山となっている粘土質の硬い面に掘方もない状態で据えられていた為、新たに据える面の強化を行い据え直し矩形の全体の歪みを修正しながら組まれた。基壇内部は、基壇石の傾きが内容に割石を咬ませ、さらに石灰混土層と細かな割石を敷き詰め、胴突きという古い丁寧な工法を用いて版築した（図13）。そして最上部に砂岩による敷石が戻された。

玉垣は、二段に貫板材が組まれるタイプであるが、玉垣も含めて欠損著しかった。欠損している部材は墓所内に寄せられていた中から抽出したものと、地元産の新材から加工されて補足された。欠損部分等は、新規加工品をエポキシ系パテ接着剤に石材の研磨滓等を混ぜて色調を整えた上で用い全てを整えた。なお、二段の貫材は、玉垣の強度を上げるために一部先の接着剤で固定した。補強並びに、固定箇所、新材使用箇所については本報告にてマーキングの上提示される。また用いた溶剤等の正式名称なども同様である。五輪塔は、火輪の二か所の角の反り部分の欠損を材を加工して補強した。また、空輪部の先端欠損部分も同様に新材を接着後に加工・補修の上、据えられた。

以上示したように、出来るだけ古い工法を参考に、基礎を築いたり、新材は用いた場合でも、その表面加工は手仕事による旧材に合せた叩きを復元的に施工したり、現地で石塔部材欠損箇所を手加工で造り出す方法（図11）など極めて丁寧な工程で教育委員会の指導の下、現状復旧が行われた。

九月上旬の閉眼供養式から約二か月で解体、石材の加工、基壇の組み直し、基壇内の考古学的な発掘調査など多くの精緻な事業が関係者らの協力の下、実施施工され、ほぼ全体の現状の復旧が無事一〇月下旬に完了した。

他の歴代墓所も災害の影響は甚大である。予算的な考慮もあるが来年度以降の事業継続によって、墓所全体の旧景観が復興されることを期待した

火輪隅補強と墨入れ

作業光景

火輪隅補強と加工

秀宗五輪塔組上調整

胴突きによる基壇版築工程

秀宗墓所修復完成

秀宗五輪塔組上調整

図 13　秀宗墓所の修復工程

い。

最後になるが、興味深い復興事業に参画できたことを、大乗寺河野徹山老師をはじめ、檀家関係者様、墓所復興委員会の各位、宇和島市教育委員会・西澤昌平氏、橘造園株式会社（代表・奥山聖治）様、高山石材店、（株）七福商事・明日香工研様に感謝申し上げる。

また、被葬者の人骨に関して、東邦大学・黒崎久仁彦先生には現地までお越しいただきご指導を賜りましたこと、感謝申し上げます。

野外調査では、新見市から白石祐司氏ご夫婦、大阪からから三好義三氏がお越しくださって、助力いただきました。さらに、ここに記せなかった多くの地域の関係各位に紙面を借りて感謝の意を改めて表させて戴きたいと思います。

なお、この成果の一部は、一般財団法人冠婚葬祭文化財団社会貢献基金の助成による。

（松原典明）

註

1　大森映子「江戸時代における仮養子と相続－宇和島藩伊達家における仮養子問題を中心として－」（『湘南国際女子短期大学紀要』11　二〇〇三）

2　笠谷和比古『主君「押込」の構造－近世大名と家臣団』（講談社学術文庫一七八五　二〇〇六）

「日本考古学発祥の地」除幕式典（於：大田原市笠石神社・令和三年三月二八日）

日本考古学発

「日本考古学発祥の地」建碑前記念撮影（前列左から 4 人目・顧問）

坂詰撰文内容解説

副碑の前で（左顧問、右徳川斉正氏）

日本考古学の原点
湯津上の侍塚古墳
那須の湯津上は国宝「那須国造碑」、史跡「侍塚古墳」を擁する下野国有数の歴史的中枢の地域である。
那須国造碑に見える「直韋提」の由来を志向し、「奥津城」を探訪した水戸藩主徳川光圀公は、往古具現の墓像として史上に膾炙されている。とくに侍塚古墳の発掘は、わが国の考古学の根源として光輝している。
侍塚古墳の発掘は被葬者告諭に初まり、墳丘形状の測地、発掘の目標、発掘出土物の絵図化、発掘次第文を添えて出土物を木箱に一括密封して埋置、発掘後の墳丘復旧など一連の経緯が総括され、光圀公の指示により佐々宗淳の差配、庄屋大金重貞の知恵文筆の記録として伝えられている。
この希有の事跡は、近代の考古学の方法と等しく、正に日本考古学の原点として、高く評価される。
令和三年三月二十八日
文学博士　坂詰秀一　撰文

坂詰撰文「日本考古学発祥の地」副碑

日本考古学発祥の地
徳川斉正　謹書

水戸家 15 代当主徳川斉正 揮毫碑

顧問　副碑の前にて

顧問、那須国造碑を説明　　徳川斉正氏

那須国古代ロマンプロジェクト実行委員会
（会長・佐藤憲一）

顧問と徳川斉正氏（右）

《気になる学界》

「日本考古学発祥の地」記念碑建立

令和三年三月二八日、栃木県大田原市笠石神社で、徳川光圀（第二代水戸藩主）の下侍塚発掘三三〇年を顕彰する記念イベントが開催された。那須国古代ロマンプロジェクト実行委員会（会長・佐藤憲一）が中心となり記念碑が建立された。

記念碑は、光圀ゆかりから、現、水戸徳川家一五代当主・徳川斉正氏による揮毫の「日本考古学発祥の地」（総高三三〇cm・芦野石製）と、下侍塚が考古学発祥の地である意味づけと現代的な位置づけを、坂詰秀一博士（立正大学特別栄誉教授・文学博士）が「日本考古学の原点 湯津上の侍塚古墳」（幅一二〇cm芦野石製・基壇は花崗岩〈那須国造碑と同じ花崗岩〉）と題して撰文された碑が併せて建立された。

建碑の地である笠石神社は、古代三碑の内唯一、国宝に指定されている「那須国造碑」があることで有名である。この碑は、江戸初期、磐城（現在の福島）から訪れた僧圓順の話を庄屋・大金重貞（馬頭町小口〈現那珂川町〉）が聞き、自ら碑を訪れ苔をはらい碑文を調べ、『那須記』に書き記したことから多くの村人に知られるようになった。後に徳川光圀（水戸藩二代藩主の後、元禄三年〈一六九〇〉西山荘に隠居）が、徳川幕府成立に功あった那須七騎の居館跡を上覧のため、大金重貞案内で武茂郷を巡る機会があり、その折に先の『那須記』が献上され、「国造碑」の存在が知られた。時に、貞享四年（一六八七）であった。

光圀は、碑の解明のために佐々宗淳《さっさむねきよ》に周辺の墳墓（下侍塚古墳）の発掘を命じ、発見された多くの品々を絵師によって記録させた。後に出品を桐箱に入れ、出土した場所に戻し、墳丘の修復・復元を行った（元禄五年〈一六九二〉前半）ことが、大金家に遺る文書（『佐々宗淳《さっさむねきよ》書簡集』平成二七年など）に克明に記されている。

これらの記録が、我国最初の文化財の保護・保全の第一歩と位置づけられ、考古学的にも徳川光圀の偉業としても「日本考古学発祥の地」に相応しいことから建碑の運びとなった。

そして近年、笠石神社西側地区から、古代東山道跡や磐上馬家跡の可能性のある遺構などが次々と確認され、周辺の歴史的景観の維持を保全使用という機運が高まってきたところで、地域の重要性が再認識されつつある中でのプロジェクトであった。

今回の建碑プロジェクトを行政の立場から支えてこられた大田原市なす風土記の丘湯津上資料館館長・上野修一氏は、古墳群・駅家跡・国造碑などの広い歴史環境の保全・活用の重要性や地域復興等の立場から、歴史景観と調和した地域活性化が可能であるとして、佐賀県の卑弥呼ゆかりとされる吉野ケ里遺跡や青森県の縄文文化を代表する特別史跡・三内丸山遺跡に並ぶ歴史景観地として「日本考古学発祥の地の歴史公園」化に向けた整備の実現に意欲的な意見を紙上で述べておられる（平成二九年九月二〇日）。

このような取り組みは、広い意味で資源活用と地域復興・活性化に直結する期待から、今後の進展を大いに期待したい。

除幕式当日は、コロナ禍中ではあったが、委員会が充分な感染対策を講じ、多くの新聞社や、地域のテレビ関係者など、近隣の地元の方々も式典に参加されていた。

学界からは、栃木県考古学会の重鎮の面々をはじめ、碑の撰文を行った坂詰秀一博士が武蔵野文化協会会長、観光考古学会会長、石造文化財調査研究所顧問など要職を歴任されておられることから多くの考古学関係者も馳せ参じた。

式は、時折、小雨が舞う天候ではあったが、桜の花のもとで厳粛に祝詞が奏上され恙なく閉幕した。「日本考古学発祥の地の歴史公園」化に向けた益々のプロジェクトの今後の発展を期待したい。

（松原典明）

【石造文化財調査研究所　彙報】

－二〇二〇年度－調査・研究活動－

二〇二〇年

6月　・泉岳寺浅野長矩墓及び夫人墓保存修理委員会（港区・松原6／5）
　　　・同委員会現地調査視察（港区・松原6／11）
　　　・同委員会現地調査視察（港区・松原6／18）
7月　・同委員会現地調査視察（港区・松原7／21）
　　　・久松家墓所調査・七代遺骸解剖調査（東邦大学・松原7／30）
8月　・愛媛県宇和島市大乗寺伊達家墓所調査委員会（大乗寺・松原8／16・17）
9月　・愛媛県宇和島市大乗寺伊達家墓所調査委員会（大乗寺閉眼法要式・松原9／12～14）
　　　・京都臨川寺亀趺碑再調査（京都・松原9／15・16）
　　　・愛媛県宇和島市大乗寺伊達家墓所調査委員会（大乗寺・松原9／17～21）
　　　・泉岳寺浅野長矩墓及び夫人墓保存修理委員会（港区・坂詰・松原9／28）
10月　・愛媛県宇和島市大乗寺伊達家墓所調査委員会（大乗寺・白石・三好・松原・東邦大学黒崎久仁彦先生10／3～7）
　　　・愛媛県宇和島市大乗寺伊達家墓所調査委員会（大乗寺・松原10／15・16）
　　　・愛媛県宇和島市大乗寺伊達家墓所調査委員会（大乗寺・松原11／24・25）

二〇二一年

1月　・新座市石造物視察（新座市内・松原1／15）
　　　・蒲生君平勅旌碑取材・宇都宮藩主戸田家墓所取材（松原3／26）
3月　・大田原市雲厳寺・大田原藩主墓所取材（光真寺・増井・松原3／27）
　　　・大田原市笠石神社「日本考古学発祥の地」碑建立除幕式取材・顧問碑撰文（増井・松原3／28）

大田原市臨済宗修行道場雲巌寺

大田原市下侍塚古墳（昭和26年国史跡指定）

蒲生君平勅旌碑